DIE GRÜNE
STADTKÜCHE

Food with a View

CLAUDIA HIRSCHBERGER | ARNE SCHMIDT

DIE GRÜNE STADTKÜCHE

SEHEN | SAMMELN | GEMEINSAM ESSEN

FRÜHLING

SOMMER

HERBST

WINTER

PROLOG

Im nahen Park hing der Holunder voll und reif in den Zweigen, die ersten Kürbisse waren auf dem Markt aufgetaucht und im Garten reiften die letzten prallen Ochsenherztomaten: All das und vieles mehr hatten wir über zwölf Monate hinweg in Bilder und Rezepte gebannt, hatten zu zweit und mit Freunden und Familien gegessen, getrunken und gelacht, hatten miteinander geerntet, gepicknickt und Ausflüge gemacht. Manche Gerichte hatten wir so oft zubereitet, bis sie genau so schmeckten, wie wir uns das vorstellten. Wir hatten gesucht, gefunden und manches dem Zufall überlassen. Noch spürten wir den Sommer, und für den beginnenden Herbst hofften wir auf Pilze und Hagebutten. Danach würde es langsam kalt werden, und wir erinnerten uns daran, wie wir im Jahr zuvor für Winter-Motive auf Schnee gewartet hatten (der uns genau drei Tage gewährt wurde und für den wir buchstäblich alles stehen und liegen ließen). Ein ganzes Jahr neigte sich dem Ende zu.

Wir haben daraus vor allem die Freude am Moment mitgenommen – diese eine vollreife Brombeere am Wegesrand, das besondere Licht in den Bäumen, der erste Spargel auf dem Markt. Der Wechsel der Jahreszeiten prägt schon lange unseren Alltag, auf dem Teller und im Leben. Unseren urbanen Blick auf Frühling, Sommer, Herbst und Winter in einem Buch zu verdichten hat uns die Schätze jeder Saison aber noch einmal anders nahegebracht. Und so sind diese Seiten eine Einladung, uns in die Küche und in die Stadtnatur zu folgen und von dort auf den Markt, in den Garten, auf den Balkon und auch auf Reisen. Wir teilen mit unseren Leserinnen und Lesern ein Jahr aus unserem Leben, das wir besonders intensiv erlebt haben. Und wir freuen uns, wenn sich etwas davon in unseren Bildern, Rezepten und Geschichten ausdrückt und zu neuer Inspiration wird.

FOOD WITH A VIEW – ESSEN MIT AUS- UND ANSICHTEN

Die eigene Art zu essen und zu kochen ist eine gute Möglichkeit, sich auf einen Weg zu machen. Zu sich kommen, sich etwas zu eigen machen oder sich in etwas einbringen: Esskultur ist immer auch eine Lebensweise über den gedeckten Tisch und eine bestimmte Menüfolge hinaus. Sie kann etwas Gegebenes sein oder etwas bewusst Angeeignetes – und sie kann immer weiter wachsen.

Auch unser Weg hat sich erst mit der Zeit entwickelt und tut es noch. Wir sind weder Köche noch Ernährungsexperten, aber wir essen leidenschaftlich gern und interessieren uns für viele Themen rund um Ernährung und Nachhaltigkeit – auf unserem Blog Food with a View (www.foodviewberlin.com) berichten wir seit 2013 darüber. Seither ist eine vegane und vegetarische Küche entstanden, die alle Sinne anspricht, mit frischen Zutaten aus der Region, ergänzt um bewusst konsumierte Produkte von weiter her. Besonders mögen wir dabei den Twist aus Bewährtem und Experimentellem und kombinieren am liebsten frisches Grün mit herzhaften Soulfood-Klassikern – ganz nach Saison.

MIT ALLEN SINNEN DIE JAHRESZEITEN ERLEBEN

Denn mit Mitte 40 und Anfang 50 wird für uns ein Stück Naturverbundenheit in der Stadt immer wichtiger – ein Leben mit den Jahreszeiten, die unsere Arbeit mit der Kamera genauso prägen wie unseren Speiseplan. Unser saisonales Gemüse und Obst dafür kaufen wir auf dem Wochenmarkt, in Bioläden, auch mal im gut sortierten Supermarkt, im Community-Garten oder in Hofläden, die es auch in der Stadt gibt. Einiges dürfen wir in den Gärten von Freunden und Familie ernten, und manches ziehen wir zu Hause auch selbst. Denn nicht zuletzt unsere Microgreens und Sprossen von der Fensterbank kitzeln unsere Gaumen genauso wie unsere Freude an ein bisschen Selbstversorgung, die auch auf kleinstem Raum möglich ist.

Viel größer wird der Raum bei unseren Streifzügen in die (Stadt-)Natur: Hier finden wir im Frühling Holunderblüten und Wildkräuter, im Sommer Felsenbirnen oder Himbeeren und im Herbst Schlehen und Äpfel. Von solchen Ausflügen kommen wir selten mit großer Ausbeute zurück, aber immer mit dem Gefühl von Verbundenheit mit dem Hier und Jetzt. Den Sinn dafür haben uns bereits unsere Eltern und Großeltern mitgegeben, und er hat auch in unserer modernen Großstadtexistenz Platz.

Ein besonderes Stück urbaner Natur ist für uns der Stadtgarten. Wir haben das große Glück, das Refugium einer guten Freundin jederzeit nutzen zu dürfen, und zu allen Jahreszeiten ist dieser mit viel Liebe gestaltete Ort ein kleines nachhaltiges Paradies mit Obstbäumen, Gemüsebeeten und reichlich Blumen für die Bienen. Wir verbringen dort gern gemeinsam Zeit zum Fotografieren, Plaudern, Essen und Ernten, denn irgendetwas ist immer gerade reif. Und so wie wir stets etwas Selbstgemachtes mitbringen, sind auf dem Rückweg meist Obst, Blumen oder Kräuter im Korb, manchmal auch aus den benachbarten Gärten. Ein guter Tausch – und ein schönes Netzwerk des Gebens und Nehmens.

Das Leben wird dadurch bunt, genau wie durch das größer werdende Angebot an alten Sorten, die früher in jedem Garten wuchsen und die uns besonders gut schmecken. Viele Gärtner und Bauern pflanzen fast vergessene Kartoffel-, Tomaten- oder Getreidevarietäten heute wieder an und leisten damit nicht nur einen Beitrag zu kulinarischer Vielfalt, sondern auch zu mehr Biodiversität im Garten und auf den Äckern. Wir unterstützen das gern und haben viel Spaß daran, immer wieder neue – und eigentlich alte – Entdeckungen zu machen. Denn ein ganz einfacher Tomatensalat kann zur Sensation werden, wenn bereits das Grundprodukt voller Aroma steckt.

So gehen wir durch jede Jahreszeit mit lieb gewonnenen Ritualen und neuen Eindrücken. Viele Rezepte in diesem Buch sind dabei spontan aus Zufällen entstanden, denn saisonales Kochen ist ganz einfach. Eine über den Gartenzaun bei einer Radtour gekaufte Gurke, nebenbei auf dem Markt entdeckte Grünkohlschossen oder im Park ineinander verschlungene Obststräucher und Hopfendolden – alles kann die kulinarische Fantasie anregen. Fallen Ernte oder Einkauf etwas üppiger aus, dann erwacht unser schon erwähnter Selbstversorgerinstinkt: Selbst Eingemachtes und Fermentiertes von Ketchup bis Sauerkraut tragen mit ihrem Aroma auch die Erinnerung an Frühling, Sommer und Herbst bis weit in die dunkle Jahreszeit. Nicht die Menge ist dabei entscheidend, sondern ein Stück Eigenständigkeit – und auch das Weitergeben von altem Küchenwissen.

VEGAN & VEGETARISCH ESSEN

Über viele Jahre haben wir uns fleischlos ernährt, bis Arne zum Veganer wurde. Das war zuerst eine große Herausforderung für uns und ist inzwischen eine ständige Quelle neuer Inspirationen. Noch nie haben wir so viele verschiedene Früchte, Wurzeln, Blattgemüse, Kräuter, Getreide, Pilze, Nüsse und Hülsenfrüchten ausprobiert und so vielfältig gegessen – für Claudia als Vegetarierin gelegentlich ergänzt um ein bewusst genossenes Stück Käse oder Ei. Auch wenn wir mit und für Freunde und Familie kochen, kommen wir grundsätzlich ohne tierische Produkte aus, und manchmal mischen sich unter die vielen Zugaben und Toppings, mit denen wir gern spielen, auch vegetarische Varianten. Unsere Tafel ist daher meist bunt und mit vielen kleinen Schüsselchen bestückt. So kann sich jeder seinen Lieblingsteller zusammenstellen.

Es war nicht schwer, uns auf diese andere Art des Essens einzulassen. Viele Gerichte vor allem der mediterranen und asiatischen Küchen sind von sich aus vegan, und wir haben darüber hinaus viele neue Konsistenzen und Aromen entdeckt, die ganz eigene Geschmackserlebnisse kreieren. Wer sich schon lange ohne tierische Produkte ernährt, kennt vielleicht auch das Bedürfnis nach vertrauten Texturen und Geschmäckern, nach den Erinnerungen und Emotionen, die damit verbunden sind. Jenseits von Ersatzprodukten haben wir deshalb nach natürlichen Zutaten gesucht, die ein Gefühl von Vollmundigkeit und Geborgenheit vermitteln, die deftig, rauchig, gaumenschmeichelnd oder üppig sind. Wir glauben, sie gefunden zu haben.

ZU GUTER LETZT

Nicht zuletzt durch unseren Blog erleben wir, dass viele Menschen sich vielleicht nicht gänzlich vegan oder vegetarisch ernähren möchten, aber großes Interesse daran haben, diese Art zu essen hin und wieder in ihren Alltag zu integrieren. Auch viele andere Themen, die uns am Herzen liegen, ziehen immer größere Kreise, vom Sammeln in der Natur über die Entdeckung saisonaler Produkte bis zu einem Stück Selbstversorgung. Wir wünschen uns deshalb viele lange Tafeln, zu denen alle etwas Eigenes mitbringen zum Kosten, Probieren und Austauschen. Vielleicht kann auch dieses Buch so eine Tafel sein.

TIPPS UND HINWEISE

MENÜFOLGEN UND PORTIONSGRÖSSEN

Unsere Art zu essen richtet sich selten nach einer klassischen Menüfolge. Ein süßes Frühstück könnte auch zum Nachmittagskaffee auf den Tisch kommen und eine Vorspeise kann so gut sein, dass wir sie beim nächsten Mal in doppelter Menge zur Hauptmahlzeit machen. Soulfood braucht keine festen Regeln, sondern ein gutes Bauchgefühl. Dennoch haben wir bei den Rezepten jeweils notiert, wofür sich ein Gericht besonders eignet und für wie viele Personen es ausreicht.

MENGENANGABEN

Der eine Apfel ist sehr saftig, der andere eher mürbe, und das macht mitunter einen großen Unterschied – neben dem Koch- oder Backergebnis auch beim Gewicht. Frisch gemahlenes Mehl nimmt weniger Flüssigkeit auf als länger gelagertes. Bei Gewürzen kann der geschmackliche Unterschied zwischen frisch gemahlen und einem Rest Pulver dramatisch sein. Deshalb laden wir dazu ein, bei den Mengenangaben auch auf das eigene Gefühl zu hören. Alle Rezepte in diesem Buch wurden mehrmals gekocht oder gebacken. Trotzdem ist die seidige Textur des Teiges wichtiger als die exakte Mengenangabe, und vielleicht braucht er dafür etwas mehr Mehl oder Wasser.

ALTERNATIVE ZUTATEN

Sei es, dass die Saison für Erdbeeren bereits vorbei ist oder man auf dem Wochenmarkt keine bunten Kartoffelsorten findet: Zutatenlisten verstehen wir als Baukästen, die man nach Lust und Angebot seinen eigenen Bedürfnissen anpassen kann. So schmecken die geeisten Pralinen aus dem Frühjahrskapitel im Sommer auch mit Brombeeren. Und wenn es keine blauen Kartoffeln oder Wildkräuter gibt, sind frische Gartenkräuter vom Balkon und die gewohnten gelben Knollen ebenfalls toll. Wichtiger als die genaue Einhaltung der Zutatenliste finden wir das Spiel mit den Jahreszeiten. Und wer offen dafür ist, wird bald ganz eigene Entdeckungen machen, ob beim Sammeln wilder Pflanzen, beim Einkaufen oder vielleicht auch im eigenen Garten.

VEGAN UND VEGETARISCH VARIIEREN

Alle Rezepte in diesem Buch sind vegan mit Ausnahme des Honigkuchens auf Seite 284 (der jedoch ohne Milchprodukte und ohne Eier zubereitet wird). Bei manchen Rezepten sind neben veganen Toppings oder Einlagen zusätzlich auch Vorschläge für vegetarische Varianten mit Ei oder Milchprodukten enthalten. Wer hier jeweils nur die vegane Variante zubereiten möchte, verdoppelt die entsprechende Zutatenmenge (wie Tofustreifen oder Avocadoscheiben) und lässt die vegetarische Option weg.

Für ein Rezept nicht benötigte Zutatenreste kann man anderweitig verwenden. Das Grün von Karotten etwa ergibt ein würziges Pesto und die Blätter von Knollengemüse wie Rote Bete oder Sellerie werden zusammen mit Früchten zu grünen Smoothies. Fein geschnitten wie Gartenkräuter oder im Ganzen frittiert würzen sie viele Gerichte. Dicke Stängel von Kräutern oder Blattgrün sowie überzählige Kohlblätter passen gut in eine Gemüsebrühe. Besonders würzige Stängel wie die von Dill oder Schnittfenchel wiederum eignen sich zum Einlegen von Gemüse. Das Koch- oder Blanchierwasser von Gemüse hingegen ist eine gute Grundlage für Suppen oder wird zum Kochsud für Getreide.

Das von der Kokoscreme durch Kühlung getrennte Kokoswasser kann ebenfalls für Suppen oder auch für Smoothies verwendet werden. Pressrückstände aus der Zubereitung von Getreidemilch bereichern ein Birchermüesli, Kuchenteige oder auch Tortenböden, die nicht gebacken werden.

ZUTATEN VORBEREITEN

In den Rezepten sind vorbereitende Schritte nur vermerkt, wenn die weitere Zubereitung daraus hervorgeht. Für Gemüse und Früchte gilt: waschen, abtropfen oder trocknen und putzen, Blattsalate und -gemüse zuvor verlesen. Kräuter, Microgreens und das Blattgrün von Knollen oder Wurzeln ebenfalls verlesen, abbrausen und trocken schütteln. Dickere, stachelige Borretschstängel vor der weiteren Verwendung mit einem Sparschäler schälen. Unbehandelte Zitrusfrüchte unter heißem Wasser abbürsten.

Pilze mit einem feuchten Tuch abreiben und die Stiele kappen, Waldpilze zuvor zudem trocken bürsten und gegebenenfalls schadhafte oder von Maden befallene Stellen herausschneiden. Von Paprikaschoten den Stielansatz, Samen sowie Trennwände entfernen. Fenchelknollen und Chicoréeknospen waschen, halbieren und Strünke mit Stielansatz keilförmig herausschneiden. Bei Tomaten den grünen Blütenansatz herausschneiden. Von Kohlköpfen die äußeren Blätter und den Strunk entfernen. Rhabarber sowie Spargel mit einem Sparschäler schälen (bei grünem und violettem Spargel nur das untere Drittel) und die Enden kappen. Blüten, Rispen und Dolden kopfüber in Wasser schwenken und auf Küchenpapier abtropfen lassen. Beeren verlesen, dabei alle Stiele entfernen und insbesondere wild gesammelte Früchte gründlich waschen.

Rezepte mit diesem Symbol sind frei von glutenhaltigem Getreide.
Dennoch müssen Menschen mit einer Glutenallergie oder -unverträglich-
keit auch hier darauf achten, bei bestimmten weiteren Zutaten eine
glutenfreie Variante zu wählen, etwa bei Sojasauce, Essig und anderen
Würzmitteln.

In vielen anderen Rezepten können die glutenhaltigen Zutaten durch
glutenfreie Alternativen ersetzt werden, zum Beispiel mit Hirse- statt
Haferflocken oder mit Buchweizenkörnern statt Einkorngetreide. Eventuell dabei Flüssigkeitsmengen und Einweich- oder Kochzeiten anpassen.

Rezepte mit diesem Symbol enthalten Soja in Form von würzenden
Zutaten wie Sojasauce und Miso, als ganze Hülsenfrucht oder in Form
von Natur- und Seidentofu, Tempeh oder Sojajoghurt. Wer unter
einer Soja-Allergie leidet, kann etwa statt Edamamekernen Erbsen oder
dicke Bohnen oder statt Naturtofu und Tempeh Pilze verwenden.

Hier müssen zum Beispiel Teige ruhen, Marinaden länger durchziehen,
Produkte einige Stunden abtropfen oder Nusskerne, Getreide oder
Hülsenfrüchte müssen über Nacht einweichen.

Rezepte mit diesem Symbol verwenden (fast) alle Teile einer Pflanze von
der Wurzel bis zur Blattspitze. Das können Wurzel- oder Knollengemüse
inklusive Stängeln und Blättern sein, Koriander mit den ebenfalls essbaren
Wurzeln oder Wildkräuter mitsamt Knospen und Blüten.

FRÜHLING

Von allen Jahreszeiten erscheint der Frühling uns als die kürzeste und deshalb als besonders kostbar. Es ist für uns die Zeit der ersten langen Spaziergänge, wenn die Nachmittage lau sind und die ersten Blütendüfte in der Luft liegen – alle Sinne sind jetzt angespitzt. Ganz zu Beginn der heller werdenden Jahreszeit gibt es zwar noch kein frisches Saisongemüse, aber unsere Sprossen- und Microgreens-Zucht läuft jetzt auf Hochtouren. Beide kommen etwa zum Frühstück in ein Asiasüppchen, denn im März kann es morgens noch ziemlich kalt sein. Nach und nach sprießen dann auch draußen die ersten Schätze der Saison: Bärlauch, Vogelmiere, Gundermann, wilde Hopfentriebe und viele andere wilde Kräuter, Gemüse und Blüten.

Und dann geht alles plötzlich ganz schnell: Im Garten reifen die lang ersehnten Erdbeeren, es gibt Spargel aus der Region, auf dem Balkon blüht der Grünkohl und im Park der Holunder. Auf dem Markt finden wir nun eine Fülle an frischem Obst und Gemüse: Kohlrabi, Rhabarber, Kopfsalat, Radieschen oder Spitzkohl und noch einiges mehr. Das Fest kann beginnen.

SPROSSEN UND MICROGREENS

Den kleinen Luxus selbst gezogenen Grüns kann man sich auch ohne Balkon und sogar auf kleinstem Raum leisten. Denn knackige Microgreens und Sprossen gedeihen in Keimschalen und -gläsern überall, wo es hell und nicht zu sonnig ist – Indoor Farming im Klein-format. Der Aufwand ist gering, aber der Gewinn groß: Aus den winzigen Samen werden in nur wenigen Tagen genießbare Sprossen und Pflänzchen, die voller Nährstoffe sind. Wie das geht, beschreiben wir auf Seite 294.

Wer regelmäßig und zeitversetzt neues Saatgut keimen und sprießen lässt, hat so immer einen frischen Vor-rat. Von mild über würzig bis scharf ist die Auswahl an Keimsaaten in Bioläden und Reformhäusern meist groß – unsere liebsten Sorten sind Linse und Rauke.

MISOSUPPE MIT SOBANUDELN, SPROSSEN UND MICROGREENS

FÜR 2 PERSONEN

FÜR DIE BRÜHE

- 1 Blatt Kombu, aus dem Asia- oder Bioladen
- 2 getrocknete Shiitakepilze
- 1 Scheibe frischer Bio-Ingwer, ungeschält
- 30 g Gerstenmisopaste, aus dem Bioladen
- 1 EL Sojasauce
- 1 TL Mirin (japanischer Reiswein), aus dem Asia- oder Bioladen

- Mulltuch

FÜR EINLAGEN UND GARNITUR

- ¼ Avocado
- 1 TL Zitronensaft
- 1 Ei
- 100 g Sobanudeln, 100 % Buchweizen, aus dem Asia- oder Bioladen
- 1 TL Sonnenblumenöl plus 1 EL zum Braten
- 4 Shiitakepilze, geputzt und in dünne Scheiben geschnitten
- Meersalz
- frisch gemahlener schwarzer Pfeffer
- 1 kleine Karotte, geschält und in dünne Scheiben geschnitten
- 2 Frühlingszwiebeln, in feine Ringe geschnitten
- 2 EL frisch geröstete Sesamsaat

Dieses Rezept auf der Basis einer selbst gemachten fischfreien Dashi-Brühe kombiniert zwei japanische Suppenklassiker zu einer veganen und einer vegetarischen Variante. Mit reinem Soja- oder Reismiso statt dem milderen Gerstenmiso wird es glutenfrei.

Für die Brühe zunächst das Dashi herstellen. Hierfür das Kombublatt mit einem trockenen Tuch vorsichtig abwischen und die getrockneten Pilze in grobe Stücke brechen. In einem Topf beides gemeinsam in 500 ml Wasser etwa 8 Stunden einweichen und danach im Einweichwasser bis kurz vor dem Siedepunkt erhitzen. Den Topf vom Herd nehmen, 100 ml kaltes Wasser dazugeben und bei geschlossenem Deckel 10 Minuten ziehen lassen. Das Kombublatt herausnehmen, es kann getrocknet und noch einige Male wiederverwendet werden. Die Ingwerscheibe hinzufügen und den Sud nochmals 10 Minuten sieden, aber nicht kochen lassen. Etwaigen Schaum abschöpfen und den Sud durch das Mulltuch abseihen. Die Flüssigkeit dabei auffangen und zurück in den Topf geben, bei niedrigster Temperatur warm halten.

Während die Brühe zieht, für die Einlagen und die Garnitur das Avocadofleisch in Spalten schneiden und mit dem Zitronensaft beträufeln, damit es nicht verfärbt. Das Ei an der Unterseite anstechen und je nach Größe leicht siedend in 3–5 Minuten wachsweich kochen. Kalt abschrecken und pellen. Avocado und Ei getrennt beiseitestellen.

In einem Topf die Sobanudeln nach Packungsanweisung etwa 4–6 Minuten kochen, abgießen, kalt abschrecken und abtropfen lassen. Mit 1 TL Öl benetzen und abgedeckt beiseitestellen. Parallel dazu in einer Pfanne die Shiitakepilze in 1 EL Öl bei mittlerer Temperatur etwa 3 Minuten anbraten, mit Salz und Pfeffer abschmecken.

Für die Brühe die Misopaste mit etwas heißem Sud glatt rühren, dann zum Sud geben und gut verrühren. Die Flüssigkeit darf nun nicht mehr kochen. Mit Sojasauce und Mirin abschmecken. Die Karotten, Pilze und Frühlingszwiebeln in die Brühe geben und alles nochmals sanft erhitzen.

Zum Servieren die Nudeln portionsweise mit 2 Essstäbchen aufrollen und in tiefe Teller geben, die Suppe darüberschöpfen. Das Ei halbieren. Für die vegane Variante die Avocadospalten und für die vegetarische Variante die Eihälften auf der Suppe anrichten. Mit der Sesamsaat, den Microgreens und Sprossen garnieren. Das Sesamöl und die Sojasauce zum Beträufeln separat dazu reichen.

- 1 Handvoll Microgreens, etwa Brokkoli und Rettich
- 2 EL gemischte Sprossen, etwa Linsen und Rauke, gut gespült und abgetropft

AUSSERDEM
- geröstetes Sesamöl
- Sojasauce

EISZAPFEN MIT RADIESCHENGRÜN-PESTO

Radieschen können nicht nur rund und rot sein, sondern auch weiß und spitz zulaufend – so wie bei dieser hübschen alten Sorte, die wie kleine Rettiche anmutet. Nicht nur die Wurzel ist essbar, sondern auch das Grün, das mit etwas Dattel und frisch gerösteten Kernen zu einem würzigen Pesto wird.

Das Grün von den Eiszapfen abschneiden, dabei einige kleine Blätter stehen lassen und den Rest beiseitelegen. Die Wurzeln waschen und mit einer Bürste gründlich reinigen, auch an den Blätteransätzen.

Für das Pesto das Radieschengrün verlesen, abbrausen und abtropfen lassen. Gemeinsam mit den restlichen Zutaten in einen hohen Mixbecher geben und alles mit dem Stabmixer nicht zu fein pürieren. Nochmals mit Salz und Pfeffer abschmecken.

Die Eiszapfen mit dem Pesto als Dip servieren.

FÜR 4 PERSONEN ALS GRUSS AUS DER KÜCHE

- 20 Eiszapfen mit Grün, alternativ eine andere Sorte Radieschen

FÜR DAS PESTO
- 1 getrocknete Dattel, entsteint und grob gehackt
- 1 kleine Knoblauchzehe, durchgepresst
- 15 g frisch geröstete Sonnenblumenkerne
- 15 g frisch geröstete Kürbiskerne
- 25 ml Sonnenblumenöl
- 25 ml Kürbiskernöl
- Meersalz
- frisch gemahlener schwarzer Pfeffer

WILDKRÄUTER UND -GEMÜSE

Besonders im Frühjahr freuen wir uns über Wildkräuter als erstes frisches Grün. Die Grenzen zwischen freier (Stadt-)Natur einerseits und Garten oder Balkon andererseits sind dabei fließend: Würzigen Gundermann etwa (Bild oben rechts) bekommen wir oft aus dem Garten, und die pikante Vogelmiere aus dem nahen Park (Bild oben links) siedelt sich auf dem Balkon sogar manchmal von selbst an.

Auf die Knoblauchsrauke (Bild unten rechts) hat uns eine Radelfreundin gebracht. Sie wächst ab Ende April, wenn die Saison für Bärlauch (Bild nächste Seite) langsam endet, und schmeckt ebenfalls nach Knoblauch. An diesem Aroma kann man sie vor und nach der Blüte eindeutig von den ähnlich aussehenden Brennnesselblättern unterscheiden.

Eine richtige Stadtpflanze ist der Wilde Hopfen (Bild unten links): Er wächst fast überall, wo es feucht und ein bisschen geschützt ist und sich Mauern, Hecken oder Zäune zum Hochranken finden. Seine hellgrünen und noch zarten Spitzen, die man auch Triebe, Sprossen oder Schösslinge nennt, findet man nur für kurze Zeit, je nach Witterung zwischen Mitte März und Ende April. Sie sind nicht zu verwechseln mit Hopfenspargel, den unterirdisch wachsenden Wurzeltrieben der Kulturform des Echten Hopfens. Die feinharzig und leicht bitter schmeckenden Hopfensprossen lassen sich durch leichten Druck glatt brechen. Die unteren dunklen Teile der Pflanzen eignen sich nicht zum Ernten, da sie faserig und rau sind.

BÄRLAUCH-FRITTATEN-SUPPE
MIT VOGELMIERE
UND GUNDERMANN

Für den Teig von der Mandelmilch und vom Mehl jeweils 1 EL abnehmen und getrennt beiseitestellen. Die restliche Flüssigkeit in eine Rührschüssel füllen. In einer weiteren Schüssel das restliche Mehl mit dem Salz und der Gewürzmischung vermengen. Die Mehlmischung schrittweise über die Mandelmilch sieben. Mit einem Teigrührer oder Schneebesen zu einem glatten, leicht flüssigen Teig rühren. Abgedeckt bei Raumtemperatur mindestens 30 Minuten ruhen lassen.

Vom Bärlauch die Stiele abschneiden und diese in feine Röllchen schneiden, dann 10 g möglichst kleinere Blätter grob hacken und in einen Mixbecher geben. Die restlichen möglichst größeren Blätter (etwa 15 g), die Röllchen und gegebenenfalls die Blüten separat beiseitelegen. Den zurückbehaltenen EL Mandelmilch und 1 EL Sonnenblumenöl zum gehackten Bärlauch in den Mixbecher geben. Mit dem Stabmixer fein pürieren, alternativ in einem Mörser zu einer feinen Paste verarbeiten.

In einer Schüssel den zurückbehaltenen EL Mehl mit dem Natron mischen. Zuerst die Bärlauchcreme und den Essig gründlich unter den Teig rühren. Dann die Natronmischung über den Teig sieben und mit einem Teigrührer oder Schneebesen zügig unterziehen.

In einer Pfanne (à 26 cm Ø) 1 TL Sonnenblumenöl leicht erhitzen. Das heiße Öl mit einem Pinsel zügig in der Pfanne verteilen, 1 Kelle Teig hineingeben und die Pfanne schwenken, sodass der Teig den Pfannenboden gleichmäßig bedeckt. Etwa 1 Minute backen, bis die Teigoberfläche nicht mehr feucht ist. Vorsichtig wenden und nochmals etwa 30 Sekunden backen. Auf einen vorgewärmten Teller gleiten lassen und mit einem zweiten Teller abdecken. Den restlichen Teig ebenso zu 3 weiteren Frittaten verarbeiten. Anschließend jede Frittate noch warm mit etwas Sonnenblumenöl (insgesamt 2 TL) bepinseln, gleichmäßig mit Bärlauchblättern belegen und fest von einer Seite her aufrollen. Mit der Nahtseite nach unten auf ein Brett legen und andrücken, beiseitestellen.

In einem Topf die Brühe erhitzen. In einer Pfanne das Olivenöl erhitzen und die Bärlauchblüten darin 20 Sekunden schwenken.

Zum Anrichten die aufgerollten Frittaten mit einem scharfen Messer in etwa 2 cm breite Scheiben schneiden und diese auf Suppenteller verteilen. Die Brühe angießen, die Bärlauchstängel-Röllchen über die Suppe streuen und die Frittaten mit den Kräutern und Bärlauchblüten garniert sofort servieren.

FÜR 4 PERSONEN
ALS VORSPEISE

FÜR DIE FRITTATEN
- 200 ml Mandelmilch natur
- 115 g Dinkelmehl Type 1050, gesiebt
- ½ TL Meersalz
- 1 TL Gewürzmischung für herzhafte vegane Zubereitungen, siehe Seite 313
- 30 g Bärlauch, möglichst mit einigen Blüten
- 1 EL plus 6 TL Sonnenblumenöl
- 1 TL Natron
- 1 TL Apfelessig
- 1 EL Olivenöl

AUSSERDEM
- 1 l Gemüsebrühe, siehe Seite 294
- etwas Vogelmiere, grob zerzupft
- etwas Gundermann, grob zerzupft

KARTOFFELPUFFER-WAFFELN MIT WILDKRÄUTERSALAT UND HOPFENTRIEBEN

FÜR 2 PERSONEN ALS
HAUPTGERICHT | FÜR 4
ALS VORSPEISE

FÜR DEN SALAT

- 2 Handvoll Triebe vom
  Wilden Hopfen (ca. 50 g)
- 50 g Postelein
- 20 g junge Löwenzahn-
  blätter
- 20 g roter Sauerampfer
- etwas Borretsch
- einige Gänseblümchen

FÜR DIE KARTOFFEL-
PUFFER-WAFFELN

- 500 g vorwiegend
  festkochende Kartoffeln
- 1 Zwiebel, fein gewürfelt
- 2 EL Kichererbsenmehl
- Meersalz
- frisch gemahlener
  schwarzer Pfeffer
- etwa 2 EL Sonnen-
  blumenöl

- Mulltuch
- Belgisches Waffeleisen
  mit tiefen Waben,
  alternativ ein anderes
  Waffeleisen

FÜR DIE VINAIGRETTE

- 3 Fl Haselnussöl
- 1 EL Himbeeressig
- 1 Msp. Dijonsenf
- frisch gemahlener
  Tellicherry-Pfeffer
- Meersalz
- 1 Schalotte, fein gewürfelt

Damit Kartoffelpuffer im Waffeleisen knusprig werden, sollte man beim Backen nicht am Öl sparen. Mit groben Raffeln aus fest-kochenden Kartoffeln bleibt die Masse im Inneren ein wenig bissfest und schön saftig, für die Bindung sorgt Kichererbsenmehl.

Für den Salat die Hopfentriebe in leicht köchelndem Wasser etwa 10 Sekunden blanchieren, abschrecken und gut abtropfen lassen. Beiseitestellen.

Für die Kartoffelpuffer-Waffeln die Kartoffeln schälen und grob raffeln, dann in ein mit dem Mulltuch ausgelegtes Sieb geben und 5 Minuten abtropfen lassen. Mit einem Holzlöffel etwas ausdrücken und mit den Zwiebelwürfeln in eine Schüssel geben. In einer kleinen Schüssel das Kichererbsenmehl mit Salz und Pfeffer mischen, zur Kartoffel-Zwiebel-Masse geben und mit den Händen gründlich vermengen.

Das Waffeleisen mit einem Pinsel großzügig mit Öl ausstreichen und hoch erhitzen. Für 4 kleine Waffeln jeweils 2 gehäufte EL Masse in die Mitte jeder Backfläche setzen, sodass die Platten nicht komplett mit Teig ausge-füllt sind, sondern eine runde Form entsteht. Je nach Waffeleisentyp und Anzahl der Backflächen die Menge gegebenenfalls anpassen. Den Deckel vorsichtig schließen und die Waffeln zunächst etwa 5 Minuten ba-cken. Wenn kein Wasserdampf mehr entweicht, den Deckel vorsichtig heben und den Bräunungsgrad prüfen, gegebenenfalls noch etwas länger backen. Die Waffeln sollten außen gebräunt und leicht knusprig sein, im Inneren aber noch nicht zu Brei zerfallen.

Während der Backzeit in einer kleinen Schüssel alle Zutaten für die Vinai-grette mit einem Schneebesen verquirlen, abschließend die Schalotten-würfel dazugeben. Für den Salat den Postelein, die Wildkräuter, die Hop-fentriebe und die Gänseblümchen auf Tellern arrangieren und mit der Vi-naigrette beträufeln. Die frischen Kartoffelpuffer-Waffeln direkt aus dem Waffeleisen daneben anrichten und sofort servieren.

GRÜNKOHL AUF DIE ZARTE ART

Grünkohl kennt man vor allem als Wintergemüse, aber bevor die zweijährige Pflanze ihren Lebenszyklus beendet, bildet sie im Frühling noch einmal frische lang gestreckte Triebe. Jetzt ist es Zeit für zwei besondere Delikatessen: Auf Biomärkten werden manchmal die sogenannten Schossen angeboten, die angenehm zart schmecken. Danach kommen die Grünkohlblüten, die man vor allem im eigenen Garten oder in Community-Gärten findet. Wir ziehen Grünkohl sogar auf dem Stadtbalkon – die Schossenernte ist dort zwar sehr begrenzt, aber Blüten können wir reichlich pflücken. Sie sind nicht nur hübsch, sondern betören auch mit einem eigentümlich blumig-kohligen Aroma.

BUCHWEIZEN-GALETTES MIT GRÜNKOHLSCHOSSEN UND EDAMAME

GF

Nach einem Fund Grünkohlschossen auf dem Wochenmarkt ist das Rezept dazu zufällig aus Resten entstanden. Wenn der Teig für die bretonischen Buchweizenpfannkuchen lange ruhen und damit fermentieren kann, wird er besonders aromatisch. Ausbacken lassen sich Galettes am besten mit einer Crêpière oder in einer Crêpepfanne, es funktioniert aber auch mit normalen Pfannen.

Für den Teig in einer Schüssel das Mehl mit dem Salz vermengen, dann nach und nach 250 ml kaltes Wasser dazugeben. Dabei den Teig 5 Minuten lang mit einem Teigrührer oder einem Schneebesen stetig schlagen. Die Schüssel mit einem Teller abdecken und den Teig mindestens 12 Stunden im Kühlschrank ruhen lassen. 30 Minuten vor der weiteren Verarbeitung aus dem Kühlschrank nehmen und bei Raumtemperatur stehen lassen.

Für die Füllung die Grünkohlblätter und -knospen mit den zarten Stängeln von den dickeren Strünken zupfen, diese etwa für Gemüsesuppen verwenden. In einem Topf die Blätter und Knospen 10 Sekunden blanchieren, abschrecken und gut abtropfen lassen. Im selben Topf die gefrorenen Edamame etwa 3 Minuten blanchieren, abschrecken und die Kerne aus den Schoten palen. Das Fruchtfleisch der Avocado in dünne Scheiben schneiden und mit dem Zitronensaft beträufeln.

Den Backofen auf 50 °C vorheizen. In zwei Pfannen jeweils 1 TL Öl auf mittlere Temperatur erhitzen. Jeweils ein Viertel des Teiges in eine Pfanne gießen und mit einem Teigrechen gleichmäßig dünn verteilen. Wenn die Teigoberfläche nicht mehr feucht ist und Blasen wirft, die Galettes vorsichtig wenden, dann die Temperatur reduzieren. In die Mitte jeder Galette ein paar Scheiben Avocado und darauf etwas Grünkohl sowie einige Edamamekerne geben. Etwa 2 Minuten backen, bis die Unterseite der Galettes jeweils leicht gebräunt ist. Die Füllung mit je 1 TL Walnussöl beträufeln, salzen und pfeffern. Dann die Ränder zur Mitte hin falten, sodass ein Quadrat entsteht und noch etwas Füllung sichtbar bleibt, und mit einem Pfannenwender vorsichtig andrücken. Die fertigen Galettes mit tiefen Tellern einzeln abgedeckt im Ofen warm halten. Die restlichen Zutaten ebenso zu 2 weiteren gefüllten Galettes verarbeiten.

Die Galettes auf Teller setzen, die Kräuter und Frühlingszwiebelringe darauf verteilen. Großzügig Crema di balsamico darüberträufeln und mit den Leinsamen bestreut servieren.

FÜR 4 PERSONEN ALS LEICHTER LUNCH | FÜR 2 ALS ABENDESSEN

FÜR DIE GALETTES
- 125 g Buchweizenmehl
- ½ TL Meersalz
- 4 TL Sonnenblumenöl zum Ausbacken

FÜR DIE FÜLLUNG
- 400 g Grünkohlschossen
- Meersalz zum Blanchieren
- 400 g Edamame in der Schote, TK-Ware
- ½ Avocado
- Saft von ½ Zitrone
- 4 TL Walnussöl
- frisch gemahlener schwarzer Pfeffer

FÜR DIE GARNITUR
- 2 Handvoll gemischte Wild- und Ackerkräuter aus Wildsammlung oder vom Wochenmarkt, etwa Taubnessel, wilder Feldsalat, Vogelmiere; grob zerzupft
- 2 Frühlingszwiebeln, in Ringe geschnitten
- etwas Crema di balsamico, siehe Seite 316
- 2 EL frisch geröstete braune Leinsamen

SPINAT-MALFATTI MIT SCHALOTTEN-KAKAOBUTTER UND GRÜNKOHLBLÜTEN

FÜR 4 PERSONEN ALS
PRIMI PIATTI

FÜR ETWA 12 SPINAT-MALFATTI
- 100 g Seidentofu
- 175 g frischer Blattspinat
- Meersalz
- 1 kleine weiße Zwiebel, sehr fein gewürfelt
- 2 Knoblauchzehen, sehr fein gehackt
- 2 TL Olivenöl
- 1 TL Kichererbsenmehl
- 70 g Dinkelgries
- frisch gemahlener schwarzer Pfeffer

- Mulltuch

FÜR DEN SALAT
- 1 kleiner Kopfsalat
- 20 g Schafgarbe
- 20 g Knoblauchsrauke, möglichst mit Blüten, Blätter und Blüten gezupft

FÜR DAS SALATDRESSING
- Saft von 1 Zitrone
- 1 TL Dijonsenf
- 1 EL Rohrohrzucker
- frisch gemahlener schwarzer Pfeffer
- 1 Prise Meersalz
- 3 EL Olivenöl
- 1 Schalotte, fein gewürfelt

FÜR DIE SCHALOTTEN-KAKAOBUTTER
- 30 g Kakaobutter

Für die Malfatti den Seidentofu in einem mit dem Mulltuch ausgelegten Sieb 2 Stunden abtropfen lassen, bis 75 g Masse zurückbleiben.

Den Spinat blanchieren, abschrecken, gut abtropfen lassen und fein hacken. In einer Pfanne die Zwiebel und den Knoblauch bei mittlerer Temperatur im Olivenöl anbraten, den Spinat kurz mit durchschwenken. Die Mischung in einem feinen Sieb abtropfen lassen und mithilfe eines Löffels die restliche Flüssigkeit herauspressen. Den Sud dabei auffangen und 2 EL davon zurückbehalten.

In einer Schüssel die abgekühlte Spinatmischung mit dem Seidentofu, dem Kichererbsenmehl und dem Dinkelgries gleichmäßig vermengen, mit Salz und Pfeffer kräftig abschmecken. Die Masse abgedeckt etwa 30 Minuten quellen lassen.

Für den Salat die Blätter vom Strunk lösen. Für das Salatdressing in einer kleinen Schüssel alle Zutaten bis auf das Öl und die Schalotte mit einem kleinen Schneebesen verquirlen. Dann unter Rühren in dünnem Strahl das Öl dazugeben, bis die Sauce leicht bindet. Auf dieselbe Weise den zurückbehaltenen Spinatsud (2 EL) einrühren. Abschließend die Schalotte dazugeben. Salatblätter und Dressing getrennt beiseitestellen.

Für die Malfatti in einem großen Topf Wasser zum Sieden bringen und leicht salzen. Aus der Spinatmasse mit feuchten Händen oder mithilfe von 2 Esslöffeln etwa 12 kleine Klöße oder Nocken formen. Die Masse sollte weich, aber noch formbar sein, sonst esslöffelweise etwas mehr Dinkelgrieß untermischen. Die Malfatti mit einem Schaumlöffel ins siedende Wasser gleiten lassen und gar ziehen lassen, bis sie an die Oberfläche steigen.

Parallel in einer Pfanne die Kakaobutter bei mittlerer Temperatur schmelzen und die Schalotten darin anbraten, bis sie etwas Farbe annehmen. Mit Salz und Pfeffer abschmecken. Die fertig gegarten Malfatti mit einem Schaumlöffel aus dem Wasser heben und in der Schalotten-Kakaobutter schwenken. In der Pfanne warm halten.

Den Salat, Kräuterblätter und -blüten auf großen Tellern arrangieren und mit dem Dressing beträufeln. Die Malfatti daneben anrichten, mit der Schalotten-Kakaobutter beträufeln und mit frisch geriebener Muskatnuss würzen. Alles mit den Grünkohlblüten garniert servieren.

· 4 Schalotten, in feine Spalten geschnitten
· Meersalz
· frisch gemahlener schwarzer Pfeffer

AUSSERDEM
· etwas frisch geriebene Muskatnuss
· einige Grünkohlblüten, alternativ andere essbare Blüten

GF

VIETNAMESISCHE GLÜCKS-ROLLEN GỎI CUỐN MIT GRÜNEM SPARGEL

ERGIBT 16 GLÜCKSROLLEN

Glück kann so einfach sein - wie mit diesen hübschen Reispapierrollen in einer veganen und einer vegetarischen Variante.

FÜR DEN MARINIERTEN TOFU

- 100 g Tofu natur
- Saft und Abrieb von 1 kleinen unbehandelten Zitrone
- 1 TL geröstetes Sesamöl
- 1 Knoblauchzehe, fein gehackt
- 10 g frischer Ingwer, geschält und fein gerieben
- ½ TL Meersalz
- frisch gemahlener schwarzer Pfeffer

FÜR DEN DIP

- 3 EL Rohrohrzucker
- 3 EL Reisessig
- Saft von 1 Limette
- ½ TL Meersalz
- 1 Knoblauchzehe, halbiert
- 1 Scheibe frischer Ingwer, geschält
- 1 frische rote Chilischote, halbiert und entkernt
- 1 EL frisch geröstete Sesamsaat
- 1 kleine Karotte à etwa 50 g, grob geraspelt
- 1 Blatt Spitz- oder Weißkohl, in feine Streifen geschnitten

FÜR DIE FÜLLUNG

- 100 g Reisnudeln
- 200 g sehr dünner grüner Spargel, alternativ Thai-Spargel
- Meersalz
- 1 Ei

Den Tofu in Küchenpapier gut ausdrücken und in etwa 8 cm lange und 7 mm dicke Stifte schneiden. In einer Schüssel den Zitronensaft und -abrieb, das Sesamöl, den Knoblauch, den Ingwer sowie Salz und Pfeffer verrühren. Die Tofustifte darin abgedeckt über Nacht im Kühlschrank marinieren.

Für den Dip in einer kleinen Schüssel den Zucker in 125 ml warmem Wasser auflösen. Den Essig, den Limettensaft und das Salz gut einrühren. Den Knoblauch, den Ingwer sowie die Chilischote hinzufügen, dann beiseitestellen.

Für die Füllung in einem Topf die Reisnudeln mit kaltem Wasser bedeckt 1 Stunde einweichen lassen. Währenddessen die holzigen Enden des Spargels kappen und die Stangen in 8 cm lange Stücke schneiden. Diese je nach Dicke 10–20 Sekunden bissfest blanchieren, abschrecken und gut abtropfen lassen. Das Spargelwasser etwa als Grundlage einer Suppe verwenden. In einer Schüssel das Ei mit der Sojasauce und etwas Salz verquirlen. In einer kleinen Pfanne das Öl leicht erhitzen, die Eimischung darin bei geschlossenem Deckel zu einem dünnen Omelett stocken lassen. Auf einen Teller gleiten und abkühlen lassen, dann in 8 cm lange Streifen schneiden.

Die Reisnudeln abgießen. In einem Topf frisches Wasser aufkochen, leicht salzen und die Nudeln etwa 3 Minuten oder nach Packungsanweisung darin garen. Abgießen, kalt abbrausen und in eine Schüssel geben. Das Fruchtfleisch der Mango längs vom Kern lösen und in 8 cm lange und 7 mm dicke Stifte schneiden.

In einem tiefen Teller mit Wasser jeweils 1 Reisblatt kurz einweichen, bis es formbar ist. Auf ein Holzbrett legen. Auf die untere Hälfte je etwas Spargel, 1 Streifen Mango, etwas Koriander und Frühlingszwiebel, 1 Stück Tofu für die vegane und 2–3 Omelettstreifen für die vegetarische Variante sowie ein paar Reisnudeln geben. Den unteren Rand des Reisblatts über die Füllung klappen, dann die Seiten einschlagen und die Rolle von unten her fest und vollständig aufrollen. Mit der Nahtseite nach unten auf einem großen Teller beiseitelegen. Die restlichen Zutaten ebenso verarbeiten. Die Glücksrollen sollten sich nicht berühren, sie kleben sonst aneinander fest und reißen.

Vor dem Anrichten den Knoblauch, Ingwer sowie die Chilischote aus dem Dip nehmen und entsorgen. Die Sesamsaat und alle restlichen Dipzutaten hineingeben und zu den Glücksrollen servieren.

- ½ TL Sojasauce
- 1 TL Erdnussöl
- 1 kleine Mango à etwa 300 g, geschält
- ½ Bund Koriander, Blätter gezupft
- 1 große Frühlingszwiebel, längs in Julienne geschnitten

AUSSERDEM
- 16 runde Blätter Reispapier à 15 cm Ø

FRÜHLINGSPICKNICK

Sobald es langsam grün wird in der Stadt, freuen wir uns auf die ersten Radtouren, die uns entweder aus der Stadt herausführen oder auch ganz urban bleiben. Am liebsten sind wir dafür mit Freunden unterwegs und planen gern ein Picknick ein, zu dem alle etwas beisteuern – und wenn der Boden noch zu kühl ist, freuen wir uns über eine lauschige Parkbank oder ein sonniges Mäuerchen. Alles, was in Gläser passt, ist für unterwegs sehr praktisch. Ein Salat im Glas gehört daher bei uns fest ins Frühlings-Ausflugsprogramm.

HIRSESALAT FÜR UNTERWEGS
MIT SPARGEL, KOHLRABI
UND ERDBEEREN

ERGIBT 4 GLÄSER
À 600 ML

Die leicht nussige Hirse lässt sich wie Couscous verwenden und gehört zu den weltweit ältesten Kulturpflanzen. Sie passt gut zu den kontrastreichen Aromen von Spargel, Erdbeeren und Kohlrabi. Werden Knolle und würziges Grün nicht sofort verarbeitet, halten sie sich getrennt im Kühlschrank länger frisch.

FÜR DEN SALAT
- 500 g weißer, grüner und violetter Spargel
- 1 EL Olivenöl
- Meersalz
- 1 Prise Rohrohrzucker
- 1 Knolle junger Kohlrabi à etwa 250 g mit Grün
- 50 g Rauke
- 250 g kleine Erdbeeren

- 4 verschließbare Gläser à 600 ml

FÜR DIE HIRSE
- 1 TL Sonnenblumenöl
- Meersalz
- 1 Prise Rohrohrzucker
- 200 g Goldhirse (geschälte Hirse)
- 8 Datteln, entsteint und grob gehackt
- 1 Schalotte, fein gewürfelt

FÜR DAS DRESSING
- Saft von 1 Zitrone
- 2 EL Weißweinessig
- 6 EL Olivenöl
- Meersalz
- frisch gemahlener schwarzer Pfeffer
- 1 EL frisch geröstete Sesamsaat
- 1 Scheibe frischer Ingwer, geschält und fein gerieben
- 1 Knoblauchzehe, halbiert

Für den Salat die Spargelenden kappen und die Stangen mit einem Sparschäler großzügig schälen, bei grünen und violetten Stangen nur das untere Drittel. Die oberen zwei Drittel der Spargelstangen in mundgerechte Stücke und die unteren Drittel in Scheiben schneiden. Beide ebenso wie die Spargelschalen separat beiseitestellen.

In einer Pfanne das Öl auf mittlere Temperatur erhitzen und die Spargelstücke darin unter Wenden je nach Dicke etwa 4–6 Minuten bissfest garen. Die Spitzen 2 Minuten später mit in die Pfanne geben. Mit Salz und Zucker abschmecken und aus der Pfanne nehmen. In derselben Pfanne die Spargelscheiben kurz anbraten und ebenfalls abschmecken. Beide separat beiseitestellen.

Für die Hirse in einem Topf die Spargelschalen mit 600 ml Wasser aufsetzen. Das Öl, Salz und den Zucker hinzufügen, bei geschlossenem Deckel 15 Minuten köcheln. Durch ein Sieb seihen, die Flüssigkeit dabei auffangen. Die Spargelschalen im Sieb gut ausdrücken. Dann 400 ml der Spargelbrühe zurück in den Topf geben, den Rest in einem weiteren Topf bis auf 3 EL einkochen und beiseitestellen.

Die Hirse in einem Sieb gründlich unter fließendem heißem Wasser abspülen. Dann im Topf mit der Spargelbrühe aufkochen, die Temperatur reduzieren und alles 15 Minuten köcheln lassen. Den Herd ausschalten und die Hirse 45 Minuten bei geschlossenem Deckel und ohne Umrühren quellen lassen.

Für den Salat die Kohlrabiblätter von der Knolle abschneiden, einige Blätter fein hacken und beiseitelegen. Die restlichen Blätter und die Stängel etwa für Smoothies verwenden. Die Knolle schälen und mit einem Spiralschneider oder einem Gemüsehobel in feine Spiralen oder Scheiben schneiden.

Für das Dressing in einer kleinen Schüssel die eingekochte Spargelbrühe, den Zitronensaft, Essig, das Olivenöl, Salz und den Pfeffer mit einem kleinen Schneebesen verquirlen, dann die Sesamsaat, den Ingwer und den Knoblauch dazugeben.

Die Hirse mit einer Gabel auflockern und mit einem Drittel des Dressings, den Spargelscheiben, dem Kohlrabigrün, den Datteln sowie der Schalotte vermischen. In die Gläser füllen und die Kohlrabischeiben, Spargelstücke und Rauke darauf arrangieren. Mit dem restlichen Dressing beträufeln und mit den Erdbeeren garnieren. Für unterwegs das Dressing und die Früchte separat verpacken und den Salat erst kurz vor dem Essen fertig anrichten.

RHABARBER-FLAMMKUCHEN MIT KARAMELLISIERTEN FRÜHLINGSZWIEBELN

Für die Zitronencreme die Kartoffel garen, kalt abschrecken und pellen. Abkühlen lassen. Die Zitrone schälen, halbieren und entkernen. Die Kartoffel und die Zitronenhälften grob in Stücke schneiden und in einem Mixbecher mit den restlichen Zutaten sowie 2 EL Wasser mit dem Stabmixer fein pürieren. Wenn die Creme zu dick wird, etwas mehr Wasser dazugeben. Mit Salz und Pfeffer abschmecken.

Den Backofen auf 240 °C vorheizen, zwei Backbleche oder Pizzasteine darin erhitzen.

Für den Belag den Rhabarber putzen, mit einem Sparschäler schälen und in etwa 7 mm dicke Scheiben schneiden. In einer Schüssel mit 2 EL Rohrrohrzucker mischen. Den Rhabarber 10 Minuten Flüssigkeit ziehen lassen, danach in einem Sieb abtropfen lassen. Die Frühlingszwiebeln putzen, dickere Zwiebeln längs halbieren. In 2 Pfannen jeweils 1 EL Öl auf mittlere Temperatur erhitzen. Die Frühlingszwiebeln darin unter gelegentlichem vorsichtigen Wenden mit einer Grillzange anbraten. Mit dem restlichen Zucker (2 EL) bestreuen und kurz karamellisieren lassen.

Die Teiglinge wie auf Seite 308 beschrieben ausrollen und jeweils auf ein Stück Backpapier abrollen. Mit der Zitronencreme bestreichen, die Frühlingszwiebeln und den abgetropften Rhabarber darauf verteilen. Die Flammkuchen mit dem Backpapier auf einen Pizzaschieber oder ein großes Holzbrett und von dort wiederum vorsichtig auf die heißen Backbleche oder Pizzasteine ziehen. Die Flammkuchen im Ofen 8–10 Minuten backen, bis die Ränder leicht bräunen.

Die fertigen Flammkuchen aus dem Ofen nehmen. Mit den Kräutern bestreuen, mit Olivenöl beträufeln, Pfeffer frisch darübermahlen und sofort servieren.

ERGIBT 2 FLAMMKUCHEN

FÜR DIE ZITRONENCREME
- 1 vorwiegend festkochende Kartoffel à 125 g
- 1 große vollreife Zitrone
- 60 ml Olivenöl
- 1 EL Ahornsirup
- 1 Knoblauchzehe, grob gehackt
- Meersalz
- frisch gemahlener weißer Pfeffer

FÜR DEN BELAG
- 200 g Rhabarber, möglichst mit rotem Fruchtfleisch
- 4 EL Rohrrohrzucker
- 20 kleine Frühlingszwiebeln
- 2 EL Sonnenblumenöl

AUSSERDEM
- 2 Teiglinge für Flammkuchen, siehe Seite 308
- einige Zweige Pimpinelle; Blätter, feine Stängel und Blüten gezupft
- einige Zweige Liebstöckel; Blätter, feine Stängel und Blüten gezupft
- 1 EL Olivenöl
- frisch gemahlener weißer Pfeffer

REUBEN SANDWICH MIT SPITZ-KOHL-SAUERKRAUT UND PULLED OYSTER MUSHROOMS

FÜR 2 PERSONEN

Wir lieben diese einmal vegan und einmal vegetarisch inter-pretierte Kombination zweier Klassiker der amerikanischen Deli-Kultur, dem Reuben und dem Pulled Pork Sandwich. Das Herzstück bildet das Sauerkraut aus mildem Spitzkohl von Seite 298.

FÜR DIE SENFCREME

- 1 mehligkochende Kartoffel à etwa 50 g
- 2 TL Dijonsenf
- 1 EL Apfelessig
- 1 EL natives Rapsöl
- 40 ml heiße Gemüsebrühe, siehe Seite 294
- Meersalz
- frisch gemahlener schwarzer Pfeffer
- 1 Knoblauchzehe, halbiert
- etwas Schnittlauch

FÜR DIE SANDWICHES

- 1 EL Sonnenblumenöl plus Öl zum Anbraten
- 1 kleine Süßkartoffel à etwa 175 g, geschält und in 5 mm dicke Scheiben geschnitten
- Meersalz
- frisch gemahlener schwarzer Pfeffer
- 4 Scheiben Roggensauer-teigbrot
- 50 g Gruyère, in dünne Scheiben geschnitten
- 300 g Spitzkohl-Sauerkraut, siehe Seite 298
- 4 Cornichons

- Sandwichspieße

FÜR DIE PULLED OYSTER MUSHROOMS

- 250 g Austernseitlinge, geputzt
- 1 EL Sonnenblumenöl
- 3 EL Rote-Bete-Saft

Für die Senfcreme die Kartoffel garen, kalt abschrecken und pellen. Abkühlen lassen, dann grob würfeln. In einem Mixbecher gemeinsam mit dem Senf, Essig, Öl und der Gemüsebrühe mit dem Stabmixer pürieren. Mit Salz und Pfeffer abschmecken, dann den Knoblauch in die Creme geben und bis zur weiteren Verwendung darin ziehen lassen. Den Schnittlauch in Röllchen schneiden und beiseitelegen.

- 2 TL Sojasauce
- Meersalz
- frisch gemahlener schwarzer Pfeffer

Für die Sandwiches in einer Pfanne 1 EL Öl auf mittlere Temperatur erhitzen und die Süßkartoffelscheiben darin auf beiden Seiten etwa 5 Minuten anbraten. Salzen, pfeffern und herausnehmen. Die Pfanne mit Küchenpapier auswischen. Die Süßkartoffeln abgedeckt warm halten.

Für die Pulled Oyster Mushrooms die Austernseitlinge mit einem Tuch abreiben und mit den Fingern an den Lamellen entlang in Streifen zupfen. In der ausgewischten Pfanne das Öl auf mittlere Temperatur erhitzen und die Pilzstreifen darin anbraten. Mit dem Rote-Bete-Saft und der Sojasauce ablöschen. Dann unter gelegentlichem Rühren einköcheln, bis alle Flüssigkeit verdampft ist. Mit Salz und Pfeffer abschmecken.

Für die Sandwiches eine Grillpfanne mit einem Pinsel dünn mit 1 TL Öl ausstreichen und auf mittlere Temperatur erhitzen. Die Brotscheiben auf beiden Seite ebenfalls dünn mit etwas Öl bestreichen, auf jeweils nur einer Seite in der Pfanne rösten und herausnehmen. Zum Schichten je 1 Scheibe Brot mit der bereits gerösteten Seite nach oben legen. Darauf etwas Senfcreme verstreichen, etwas Schnittlauch darauf geben, dann die Pilze. Anschließend auf das eine Sandwich die Süßkartoffelscheiben legen und auf das andere den Käse, darauf wieder jeweils etwas Senfcreme geben. Das Sauerkraut darüber verteilen. Abschließend die verbleibenden Brotscheiben auf der gerösteten Seite mit der restlichen Senfcreme bestreichen und jeweils mit der bestrichenen Seite nach unten fest auf die nun fertig geschichteten Sandwiches drücken.

Die Grillpfanne erneut mit etwas Öl ausstreichen und leicht erhitzen. Die Sandwiches in die Pfanne setzen. Mit einem Deckel so beschweren, dass sie leicht heruntergedrückt werden. Etwa 3–4 Minuten rösten, dann die Sandwiches vorsichtig herausnehmen und mithilfe von 2 Tellern wenden. Die Grillpfanne nochmals ölen, die Sandwiches nun auf der Unterseite rösten und dabei mit dem Deckel beschweren.

Zum Servieren die Sandwiches mit einem scharfen Messer halbieren. Die Cornichons aufspießen und die Sandwichhälften damit garnieren.

HOLUNDERBLÜTEN

Wenn die Stadt nach Frühling zu duften beginnt, warten wir bereits auf die Holunderblüte, die gegen Ende Mai einsetzt. Die winzigen weißen Blüten verleihen vielem ein einzigartiges Aroma. Die Geduld, die es kostet, sie Ästchen für Ästchen abzustreifen, lohnt sich daher sehr.

Damit wir auch im Herbst noch etwas von den Holunderbeeren haben, schneiden wir von jedem Strauch nur wenige voll erblühte Schirmrispen ab und transportieren sie in einem luftigen Korb nach Hause. Nicht nur Sirup, Gelee und Tee halten ihren Duft für die kommenden Monate fest, sondern auch ein feiner Essig. Mit seinem blumigen Aroma passt er sehr gut auch zu Süßem.

GEFROSTETE ERDBEERPRALINEN MIT HOLUNDERBLÜTENESSIG

Die Kombination von Erdbeeren und Holunderblüten ist ein Klassiker. Wenn ein bisschen Schokolade, Essigsäure und Dattelsüße ins Spiel kommen, wird es besonders interessant.

Für den Holunderblütenessig die Rispen kopfüber gut ausschütteln, um Insekten und Staub zu entfernen. Einen tiefen Teller mit Wasser füllen, die Blüten vorsichtig darin schwenken und auf Küchenpapier gründlich abtropfen lassen.

Die trockenen Blüten in das Einmachglas geben und den Essig eingießen. Das Glas schwenken, sodass alle Blüten mit Essig bedeckt werden. Den Deckel fest schließen und das Glas bei Raumtemperatur an einem hellen, aber nicht zu sonnigen Ort lagern. Einmal täglich das Glas schwenken, damit sich kein Schimmel auf der Oberfläche bilden kann. Je nach Außentemperatur das Glas ab der dritten Woche im Kühlschrank lagern. Nach etwa 4 Wochen den Essig durch ein mit einem sauberen Mulltuch doppelt ausgelegtes Sieb seihen und in die Flasche füllen, fest verschließen. Kühl und dunkel gelagert behält der Essig etwa 1 Jahr sein Aroma.

Für die Pralinen die Schokolade grob hacken und wie auf Seite 325 beschrieben im heißen Wasserbad portionsweise schmelzen und temperieren. In einem Mixbecher die Datteln mit der Mandelmilch und der Vanille mit dem Stabmixer pürieren. Die geschmolzene Schokolade nach und nach mit einem Holzlöffel unterrühren. Abschließend den Essig unterrühren. Die Masse etwa 1 Stunde abgedeckt in den Kühlschrank stellen.

Die Erdbeeren auf einem Teller im Tiefkühlfach etwa 2 Stunden anfrieren.

Das Kakaopulver in einen tiefen Teller geben. Etwa 2 EL von der Schokoladenmasse abstechen, etwas flach drücken, 1 gefrostete Erdbeere in die Mitte legen und die Masse mit den Händen zügig um die Beere herum formen. Da die Schokolade dabei durch die Handwärme leicht klebrig wird, geht dies am einfachsten mit Einmalhandschuhen. Mit den restlichen Zutaten ebenso verfahren.

Die fertigen Pralinen im Kakaopulver wälzen und sofort servieren, dann sind die Erdbeeren noch leicht gefroren. Alternativ die fertigen Pralinen bis zu 1 Woche vor dem Servieren ins Tiefkühlfach geben, vor dem Servieren kurz antauen lassen und erneut in Kakaopulver wälzen.

ERGIBT ETWA 425 ML HOLUNDERBLÜTENESSIG

- 6 große Schirmrispen voll aufgeblühter Holunderblüten
- 450 ml hochwertiger Weißweinessig

- 1 sterilisiertes Einmachglas à 500 ml
- Mulltuch
- 1 sterilisierte verschließbare Flasche à 425 ml

ERGIBT 10 PRALINEN

- 100 g Bitterschokolade, Kakaogehalt 70 %
- 50 g getrocknete Medjool-Datteln, entsteint
- 25 ml Mandelmilch natur
- ½ TL gemahlene Vanille
- 25 ml Holunderblütenessig, siehe oben
- 10 kleine Erdbeeren
- 4–5 EL Kakaopulver, Rohkostqualität

RHABARBER-BIENENSTICH MIT SONNENBLUMENKERNEN

Dieser saftige Kuchen mit knuspriger Kruste und cremiger Füllung wird mit einem Rühr- statt mit einem Hefeteig zubereitet. Rhabarber kommt darin gleich zweimal vor: als fruchtige Stückchen im Teig sowie als cremiger Curd für die Füllung.

Für die Füllung den Rhabarber putzen, mit einem Sparschäler schälen und in etwa 2 cm lange Stücke schneiden. Diese in einer Schüssel mit dem Zucker vermischen und 10 Minuten Flüssigkeit ziehen lassen. Den Rhabarber in einem Sieb abtropfen lassen.

Für die karamellisierten Sonnenblumenkerne in einem kleinen Topf die Kakaobutter sanft zerlassen. Den Topf vom Herd nehmen, den Zucker in der Kakaobutter unter Rühren auflösen. Den Ahornsirup und das Mandel-, Nuss- oder Saatenmus mit einem Schneebesen unterrühren, dann die Sonnenblumenkerne mit einem Löffel gleichmäßig darin wenden. Beiseitestellen.

Den Backofen auf 175 °C vorheizen. Den Rührteig wie auf Seite 310 beschrieben vorbereiten, in die Springform füllen und glatt streichen. Dann die Rhabarberstückchen leicht in die Oberfläche drücken, sodass sie noch herausschauen. Die Sonnenblumenkernmasse in die Zwischenräume füllen. Den Kuchen im Ofen etwa 45–55 Minuten backen. Zur Garprobe ein Holzstäbchen mittig einstecken: Es sollte kein Teig mehr daran kleben bleiben. Aus dem Ofen nehmen, auf einem Kuchengitter vollständig auskühlen lassen und vorsichtig aus der Springform lösen.

Mit einem großen scharfen Messer den leicht karamellisierten Rand des Kuchens auf halber Höhe zunächst rundum waagerecht einschneiden. Dann den Kuchen mit dem Messer vollständig waagerecht durchschneiden und in eine obere und eine untere Hälfte teilen. Ein Tortenblech dazwischenschieben, die obere Hälfte damit abheben. Die untere Hälfte mit dem Rhabarber-Curd bestreichen, die obere Kuchenhälfte vorsichtig wieder aufsetzen und leicht andrücken. Zum Servieren mit einem scharfen Messer in Stücke schneiden.

FÜR 1 SPRINGFORM à 24 CM Ø

FÜR DIE FÜLLUNG
- 175 g Rhabarber
- 1 EL Rohrohrzucker
- 400 ml Rhabarber-Curd, siehe Seite 296

FÜR DIE SONNENBLUMEN-KERNE
- 30 g Kakaobutter
- 2 EL Rohrohrzucker
- 2 EL Ahornsirup
- 1 TL Mandel-, Nuss- oder Saatenmus natur
- 125 g Sonnenblumenkerne

AUSSERDEM
- 1 Portion Rührteig, siehe Seite 310

WALDMEISTER

Im April und Mai findet man Waldmeister in schattigen Laubwäldern, und in manchen Gärtnereien oder auf Bauernmärkten ist er auch in kleinen Töpfen erhältlich. Sein der Tonkabohne ähnliches Aroma entfaltet er erst in leicht angewelktem Zustand.

Waldmeister ist ein bisschen in Verruf gekommen, weil er in größeren Mengen genossen aufgrund seines Gehalts an Cumarin als leicht toxisch gilt. Bei passend geringer Dosierung lassen sich damit zubereitete Getränke und Süßspeisen in Maßen genießen: Die Verzehrempfehlung hierfür liegt generell bei maximal 3 g frischem Waldmeister auf 1 l Flüssigkeit. Tatsächlich ist der Geschmack etwa eines selbst gemachten Sirups unvergleichlich, ganz abgesehen von dem Glücksgefühl, bei einem Waldspaziergang ein paar der hübschen kleinen Pflanzen im Halbschatten zu entdecken.

ALKOHOLFREIE WALDMEISTER-BOWLE MIT GURKE, ZITRUSFRÜCHTEN UND INGWER

Eine traditionelle Maibowle aromatisiert man direkt mit leicht angewelkten Waldmeisterblättern. Zu Sirup verarbeitet wird das Aroma noch feiner, wie in dieser erfrischenden Variante. Etwas Mädesüß gibt ihr den letzten Schliff: Das Rosengewächs findet sich an Bachläufen und Seeufern - oder im eigenen Garten.

Für den Sirup den Waldmeister zu kleinen Sträußen zusammenbinden, kopfüber aufhängen und über Nacht anwelken lassen, damit sich die Aromen entwickeln.

In einem Topf den Zucker, 500 ml Wasser und den Zitronensaft aufkochen, dann die Temperatur reduzieren und die Flüssigkeit simmern lassen, bis sich der Zucker aufgelöst hat. In ein hitzebeständiges Gefäß gießen, den Waldmeister in die kochend heiße Flüssigkeit geben und mithilfe eines Löffels untertauchen. Abdecken und 2 Tage bei Raumtemperatur ziehen lassen, dabei immer wieder die Kräuter unter die Oberfläche drücken, damit sich kein Schimmel bildet. Den Sirup danach durch ein mit einem Mulltuch doppelt ausgelegtes Sieb abseihen, in einen Topf gießen und 5 Minuten sprudelnd kochen. Dann heiß in die Flasche abfüllen und verschließen. Kühl und dunkel gelagert hält er sich mindestens ein halbes Jahr.

Für die Bowle 100 g von der Gurke in Stücke schneiden und in einen hohen Mixbecher geben. Eine der beiden Zitrone schälen, halbieren und die Kerne herausschaben, ebenfalls in Stücke schneiden und zur Gurke geben. Mit 100 ml Traubensaft auffüllen. Eine der Limetten auspressen, den Saft dazugeben und alles mit dem Stabmixer fein pürieren. Die Ingwerscheiben darin 15 Minuten ziehen lassen. Dann die Gurken-Zitronen-Mischung durch ein Sieb in ein Bowlengefäß füllen. Mit einem Löffel dabei leicht die Flüssigkeit ausdrücken, aber nicht pressen. Den Waldmeistersirup dazugeben und mit dem restlichen Traubensaft auffüllen. Die zweite Zitrone heiß abspülen und ebenso wie die restliche Gurke in dünne Scheiben schneiden. Die Gurken- und Zitronenscheiben zur Bowle geben, alles im Kühlschrank 15 Minuten ziehen lassen.

Zum Servieren die zweite Limette heiß abspülen, in feine Scheiben schneiden und die Gläser damit dekorieren. Die Bowle mit dem Mineralwasser auffüllen und in die Gläser füllen. Die Mädesüßblüten von den Stielen streifen, leicht andrücken und in die Gläser geben.

FÜR ETWA 4 PERSONEN

FÜR 500 ML WALDMEISTERSIRUP
- 20 g frischer Waldmeister, der noch nicht geblüht hat
- 500 g Rohrohrzucker
- Saft von 1 Zitrone

- Mulltuch
- 1 sterilisierte verschließbare Flasche à 500 ml

ERGIBT 1 L BOWLE
- 150 g Salatgurke
- 2 kleine unbehandelte Zitronen
- 500 ml heller Traubensaft
- 2 unbehandelte Limetten
- 10 g frischer Ingwer, geschält und in Scheiben geschnitten
- 4 EL Waldmeistersirup, siehe oben
- einige Zweige Mädesüß, alternativ Blüten von 1 Rispe essbarem Flieder vom Wochenmarkt oder aus Wildsammlung
- 500 ml eiskaltes Mineralwasser mit Kohlensäure

SOMMER

Der Sommer kommt ganz plötzlich. Eines Tages sitzen wir mit Freunden im Garten oder zu zweit am See und spüren: Jetzt ist es so weit. Es gibt immer noch ein paar Erdbeeren, aber auch schon Wachsbohnen und Erbsen. Und wenn es dann heiß wird in der Stadt, werden die Ausflüge länger und die schattigen Oasen kostbar. Dies ist die Zeit, in der wir oft auf Proviant für unterwegs eingestellt sind und später auf lange Erntenachmittage im Garten, an denen die Sonne nie unterzugehen scheint.

Die Wochenmärkte quellen nun über vor Obst und Gemüse, und auch in der Stadtnatur werden wir fündig: Früh in der Saison finden wir Felsenbirnen und später wilde Brombeeren – genau dann, wenn die ersten Pfifferlinge auftauchen. Auf dem Balkon sonnen sich ein paar alte Tomatensorten neben dem Rankspinat, der lange nicht wachsen will und dann doch noch seinem Namen Ehre macht.

Auch während unserer Radtouren kaufen wir Selbstgezogenes über den Gartenzaun an kleinen privaten Ständen, wie es sie überall im Umland gibt. Deshalb ist unser Speiseplan im Sommer häufig spontan. Ein bisschen mehr Planung ist gefragt, wenn vor allem die fruchtigen Schätze der Saison alle auf einmal reif zu werden scheinen. Dann gibt es Obstkuchen, die wir so lieben, und wir halten in selbst Eingemachtem den Sommer fest für das, was später kommen wird: Herbst und Winter.

STADT I WALD I BEEREN

Im Wald Beeren zu pflücken gehört für uns zu den Höhepunkten der warmen Jahreszeit, und manchmal begegnen uns die kleinen Schätze unverhofft auch mitten in der Stadt. Anders als ihre kultivierten Verwandten sind wilde Brombeeren und Himbeeren recht klein, und oft fallen uns bei zufälligen Funden nur wenige reife Früchte im wahrsten Sinne des Wortes in die Hände. Noch von der Sonne gewärmt liegt ihr Zauber jedoch nicht in der Menge, sondern im kostbaren Moment: Ihr umwerfendes Aroma erinnert uns an lange Nachmittage als Kinder beim Brombeersammeln und an die Abende danach, wenn duftender Saft für den Winter eingekocht wurde.

FRUCHTIGES BIRCHERMÜESLI MIT KOKOS UND STACHELBEEREN

Die Idee zu dieser Variante der vielleicht berühmtesten overnight oats entstand nach einem Besuch bei Freunden in der Schweiz. Ursprünglich ein mit Brot gereichtes Abendessen, ist das Bircher- müesli heute ein Frühstücksklassiker. Wir mögen es am liebsten mit Beeren aller Art, und deshalb sorgen hier zerdrückte Stachel- beeren statt geriebener Äpfel für eine frische Säure. Etwas Kokos- creme macht das Ganze zudem herrlich sahnig.

Für das Birchermüesli in einer kleinen Schüssel die Haferflocken in der Reismilch über Nacht im Kühlschrank einweichen. Am Morgen 1 Stunde vor dem Servieren die Dose gekühlte Kokosmilch öffnen und die oben abgesetzte Creme abnehmen (siehe Seite 324). Das zurückbleibende Kokoswasser etwa für Mixgetränke verwenden. Die feste Creme in eine kleine Schüssel füllen und innerhalb von 1 Stunde auf Raumtemperatur erwärmen lassen, sodass sie weich wird. Die Kokoscreme dann mit einem Schneebesen glatt rühren.

Die Stachelbeerhälften auslöffeln und das Fruchtfleisch mit einer Gabel zerdrücken. Gemeinsam mit 30 g von der Kokoscreme unter die ein- geweichten Haferflocken ziehen und alles in Schalen füllen.

Für das Topping den Pfirsich halbieren, den Kern herauslösen und die Fruchthälften in Spalten schneiden. Gemeinsam mit den Stachel- und Himbeeren auf dem Birchermüesli arrangieren, dann mit den Raps- samen bestreuen. Die restliche Kokoscreme getrennt dazu reichen.

FÜR 2 PERSONEN

FÜR DAS BIRCHERMÜESLI
· 100 g Vollkornhafer- flocken, Feinblatt
· 200 ml Reismilch natur
· 1 Dose Kokosmilch à 200 ml ohne Emulga- toren, 60 % Kokosanteil, 2 Tage lang gekühlt
· 50 g Stachelbeeren, halbiert

FÜR DAS TOPPING
· 1 Weinbergpfirsich
· 50 g Stachelbeeren
· 75 g Himbeeren
· 2 EL frisch geröstete Raps- samen, aus dem Bioladen

SOMMERSALAT MIT GEBRATENEN PFIFFERLINGEN, PERLZWIEBELN UND BROMBEEREN

FÜR 2 PERSONEN
ALS VORSPEISE

FÜR DEN SALAT
- 70 g frische Perlzwiebeln, alternativ Schalotten
- ½ kleiner Kopf Eichblattsalat
- 1 TL Sonnenblumenöl
- 1 EL Weißweinessig
- Meersalz
- 50 g Brombeeren
- 1 Handvoll Brunnenkresse

FÜR DIE PFIFFERLINGE
- 2 EL Sonnenblumenöl
- 200 g frische Pfifferlinge, geputzt
- Meersalz
- frisch gemahlener schwarzer Pfeffer

FÜR DAS DRESSING
- 3 EL Haselnussöl
- 1 EL Weißweinessig
- 1 EL Ahornsirup
- Meersalz
- frisch geriebener Langer Pfeffer, alternativ schwarzer Pfeffer

Pfifferlinge und Brombeeren sind etwa zur gleichen Zeit im Hochsommer reif und wie füreinander gemacht. Ihr intensiver Geschmack lässt sich gut mit etwas süßlich-scharfem Langem Pfeffer unterstreichen.

Für den Salat die Perlzwiebeln halbieren und die Hälften in ihre einzelnen Schichten teilen. Den Salat in mundgerechte Blätter zupfen. Getrennt beiseitestellen.

Für die Pfifferlinge in einer Pfanne das Öl hoch erhitzen und die Pilze darin etwa 7–8 Minuten anbraten.

Währenddessen in einer zweiten kleinen Pfanne die Perlzwiebeln in 1 TL Öl bei mittlerer Temperatur glasig dünsten, dann mit dem Essig ablöschen und einmal aufkochen lassen, sodass die Flüssigkeit verdampft. Mit Salz abschmecken.

Für das Dressing in einer kleinen Schüssel alle Zutaten mit einem kleinen Schneebesen verquirlen. Die Salatblätter damit beträufeln und diese auf Tellern anrichten. Zum Servieren die gebratenen Pfifferlinge, Brombeeren, Zwiebeln und die Brunnenkresse darauf arrangieren.

FÜR KLEINE UND GROSSE

Wenn unsere Freunde ihre Kinder zum Essen mitbringen, bereiten wir etwas Einfaches vor, das am Tisch jeder ganz nach Belieben ergänzen kann: bunt oder schlicht, säuerlich oder scharf oder einfach von allem etwas. Auf dem Tisch steht dann ein Strauß essbarer Blumen, und während wir alle gemeinsam die Toppings zubereiten, darf jeder mal naschen. Frisch aus ihren Schoten gepalte Erbsen haben es unseren kleinen Gästen besonders angetan – anders als andere Hülsenfrüchte kann man die knackig-süßen Kügelchen auch roh essen. Für einen ganzen Suppentopf reicht unsere Balkonernte allein nicht aus. Aber glücklicherweise sind frische Erbsen ab Juni vielerorts erhältlich.

ERBSEN-BASILIKUM-SUPPE MIT BUNTEN TOPPINGS

Zu dieser mild gewürzten Suppe passt fast alles – von kräuter-frisch bis würzig und von knusprig bis cremig. Gänzlich glutenfrei wird dieses Gericht mit einer entsprechenden Brot-sorte zum Dippen und für die Croûtons.

FÜR DIE SUPPE
- 3 kg frische Erbsen in der Schote, alternativ 1,5 kg TK-Ware plus 2 Handvoll frische Erbsen in der Schote
- 1 EL Sonnenblumenöl
- 4 gelbe Zwiebeln, grob gehackt
- 1,5 l Gemüsebrühe, siehe Seite 294
- 500 g mehligkochende Kartoffeln, geschält und gewürfelt
- 1 TL Rohrohrzucker
- 1 Bund frisches Basilikum
- 300 ml Reismilch natur
- Meersalz
- frisch gemahlener schwarzer Pfeffer

FÜR DIE CROÛTONS
- 2 EL Sonnenblumenöl
- 250 g Baguette vom Vortag, klein gewürfelt
- Meersalz
- frisch gemahlener schwarzer Pfeffer

FÜR DIE CASHEW-ZITRONEN-CREME
- 3 EL Cashewmus natur
- 1 TL Saft und Abrieb von ½ unbehandelten Zitrone
- Meersalz

AUSSERDEM
- 1 unbehandelte Limette, geachtelt

Für die Suppe die Erbsen aus den Schoten palen, 1 gute Handvoll davon beiseitelegen. In einem großen Topf das Öl bei mittlerer Temperatur erhitzen und die Zwiebeln darin anbraten, bis sie duften und etwas Farbe annehmen. Mit der Gemüsebrühe ablöschen. Die Kartoffelwürfel dazugeben, aufkochen, dann die Temperatur reduzieren und etwa 5 Minuten köcheln. Die Erbsen und den Zucker hinzufügen. Wieder aufkochen, dann die Temperatur reduzieren und die Kartoffeln und Erbsen bei geschlossenem Deckel etwa 10 Minuten gar köcheln.

Einige Blätter Basilikum beiseitelegen. Die restlichen Blätter und Stiele sowie die Reismilch zur Suppe geben und alles mit einem Stabmixer fein pürieren. Noch einmal heiß werden lassen, dann mit Salz und Pfeffer abschmecken.

Für die Croûtons in einer Pfanne das Öl bei mittlerer Temperatur erhitzen und die Brotwürfel darin in etwa 2–3 Minuten knusprig anbraten. Salzen, pfeffern und in einer kleinen Servierschüssel beiseitestellen.

Für die Cashew-Zitronen-Creme in einer kleinen Schüssel alle Zutaten gemeinsam mit 2 EL Wasser mit einem Schneebesen verquirlen, dann beiseitestellen.

Die Suppe direkt im Topf servieren und bei Tisch in die Teller schöpfen. Alles andere zum individuellen Bedienen nach Geschmack getrennt dazu reichen: die Limette und das Chiliöl zum Abschmecken; die Cashew-Zitronen-Creme sowie die Crème fraîche als vegane und vegetarische Alternativen zum Verfeinern; die zurückbehaltenen Erbsen und Basilikumblätter, die Blüten, die Frühlingszwiebeln sowie die Croûtons als Toppings sowie das Baguette, das Olivenöl und die Dukkah-Gewürzmischung zum Dippen.

- Chili-Chipotle-Öl, siehe Seite 315
- 200 g Crème fraîche
- 2 Handvoll essbare Blüten
- 3 Frühlingszwiebeln, in Ringe geschnitten
- 1 Stange frisches Baguette, aufgeschnitten
- Olivenöl zum Tunken
- 1 Portion Kakao-Dukkah, siehe Seite 313

SCHMORGURKEN MIT KRÄUTERN UND BLÜTEN AUF BRAMATA

Die Schmorgurke für dieses Gericht haben wir bei einer Radtour am Wegesrand frisch über den Gartenzaun gekauft. Gemeinsam mit einer cremigen Bramata wurde daraus spontan ein neues Lieblingsgericht. Wer diesen groben Maisgrieß nicht erhält, kann stattdessen einfach den feineren Grieß für Polenta nach Packungsanweisung verwenden.

Die Enden der Schmorgurken kappen. Die dünne Schale junger Exemplare kann mitgegessen werden, dickschaligere schälen. Die Gurken längs halbieren und die Kerne mit einem Löffel herausschaben und entsorgen. Dann die Gurkenhälften in etwa 7 mm dicke Scheiben schneiden.

Für die Bramata in einem Topf die Gemüsebrühe gemeinsam mit der Reismilch aufkochen, anschließend den Maisgrieß einrühren. Einmal aufwallen lassen, dann die Temperatur reduzieren. Den Maisbrei bei geöffnetem Deckel etwa 40 Minuten gar köcheln. Dabei mit einem Holzlöffel anfangs gelegentlich und gegen Ende ständig umrühren.

Während die Bramata köchelt, die Schmorgurken mit der Brühe in eine große Pfanne geben, den Shiitakepilz und Zucker hinzufügen, einmal aufkochen. Die Temperatur reduzieren und die Gurken bei geschlossenem Deckel in etwa 15 Minuten bissfest dünsten.

Parallel für die Sauce in einem Mixbecher alle Zutaten mit dem Stabmixer fein pürieren und beiseitestellen.

Den Shiitakepilz aus den Schmorgurken nehmen und entsorgen. Dann die Schmorgurken mit einem Schaumlöffel aus der Pfanne nehmen, warm halten. In die zuvor pürierte Sauce etwas Schmorgurkensud rühren. Die Sauce zur restlichen Flüssigkeit in die Pfanne geben und beide mit einem (beschichteten) Schneebesen oder mit einem Holzlöffel kräftig verrühren, bis alles bindet. Die Sauce darf dabei nicht mehr köcheln. Die Schmorgurken zurück in die Pfanne geben und in der Sauce wenden. In der Pfanne warm halten.

Unter die inzwischen fertig gegarte Bramata das Öl und die gemahlenen Röstzwiebeln rühren. Mit Salz, Pfeffer und Muskatnuss abschmecken.

Die Bramata auf tiefe Teller verteilen, die Schmorgurken mit der Sauce darauf anrichten und alles mit Kräutern und Blüten garniert servieren.

FÜR 4 PERSONEN

FÜR DIE SCHMORGURKEN
- 800 g Schmorgurken
- 150 ml Gemüsebrühe, siehe Seite 294
- 1 getrockneter Shiitakepilz
- 1 Prise Rohrohrzucker

FÜR DIE BRAMATA
- 1 l Gemüsebrühe, siehe Seite 294
- 500 ml Reismilch natur
- 200 g Bramata
- 1 EL natives Rapsöl
- 1 TL gemahlene Röstzwiebeln, siehe Seite 295
- Meersalz
- frisch gemahlener schwarzer Pfeffer
- frisch geriebene Muskatnuss

FÜR DIE SAUCE
- 1 vorwiegend festkochende Kartoffel à 100 g, frisch gegart und gepellt
- 150 ml Reismilch natur
- 1 TL mittelscharfer Senf
- 25 ml natives Rapsöl
- 1 TL Holunderblütenessig, siehe Seite 75, alternativ Weißweinessig

FÜR DIE GARNITUR
- 1 Handvoll Borretsch; Blätter, zarte Stängel und Blüten gezupft
- einige Zweige Dill; Blätter, zarte Stängel und Blüten gezupft

APRIKOSENSOMMER IM GLAS

Zu den schönsten Sommerritualen zählt für uns die gemeinsame Aprikosenernte im Garten unserer Freundin. Frisch vom Baum gepflückt schmecken die Früchte so gut, dass ein beträchtlicher Teil beim Ernten direkt in den Mund wandert. Aber es bleibt immer genug übrig, um das volle Aroma in Gläser zu bannen und so möglichst lange zu erhalten. Das Einmachen beginnt manchmal bereits vor Ort, wenn weichere Früchte sofort verarbeitet werden müssen, und geht zu Hause oft bis spät in die Nacht weiter. Jedes Jahr entstehen dabei andere Experimente – ein guter Grund, sich zum Verkosten und Tauschen gleich wieder im Garten zu treffen.

APRIKOSENCHUTNEY MIT INGWER, CHILI UND KORIANDER

Dieses Chutney ist ein Dauerbrenner in unserer Küche und auch als Mitbringsel bei Freunden sehr beliebt. Auf unserem Blog ist es Teil eines preisgekrönten sommerlichen Sandwichrezepts. Aber wir essen es auch im Winter gern, zum Beispiel als Dip für die Wirsingtäschchen auf Seite 280.

Die Aprikosen häuten und vierteln (siehe Seite 323), dann in einem großen Topf mit allen restlichen Zutaten vermengen und einmal aufkochen. Die Temperatur reduzieren und alles bei geschlossenem Deckel 30 Minuten köcheln lassen, dabei gelegentlich umrühren. Während der letzten 5 Minuten das Chutney hoch erhitzen und bei geöffnetem Deckel unter ständigem Rühren nicht zu dickflüssig einkochen lassen. Sollten die Früchte noch nicht zerfallen sein, diese vorsichtig mit einem Kartoffelstampfer zerdrücken.

Das kochend heiße Chutney sofort in die vorbereiteten Einmachgläser abfüllen und diese fest verschließen. Kühl und dunkel gelagert hält es sich mindestens 1 Jahr.

ERGIBT 5 EINMACHGLÄSER À 160 ML

- 1 kg vollreife Aprikosen
- 250 g Zwiebeln, halbiert und in Ringe geschnitten
- 250 ml Weißweinessig
- 200 g Rohrohrzucker
- ½ TL getrocknete Chiliflocken
- 10 g frischer Ingwer, geschält und fein gerieben
- ½ TL Korianderkörner
- ½ TL Meersalz

- 5 sterilisierte Einmachgläser à 160 ml

KÖRNIGER APRIKOSENSENF

ERGIBT 7 EINMACHGLÄSER
À 125 ML

- 9 TL gelbe Senfsaat
- 600 g vollreife Aprikosen
- 400 g Rohrohrzucker
- 100 ml Apfelessig
- 1 Schuss Balsamico-Essig
- ½ TL Cayennepfeffer
- 1 TL Meersalz

- 7 sterilisierte Einmachgläser à 125 ml

Dieser süße Senf gleicht fast einer Fruchtsauce, aber mit unverkennbarem Senfaroma. Er passt bestens zu gegrilltem Gemüse, Sandwiches, Räuchertofu oder Käse.

Mit einer Gewürzmühle oder einer nicht mehr benötigten gereinigten Kaffeemühle 6 TL der Senfsaat zu feinem Senfmehl vermahlen. In Intervallen arbeiten, sodass die Senfsaat dabei nicht warm wird. Das Senfmehl beiseitestellen.

Die Aprikosen häuten und vierteln (siehe Seite 323). In einem Topf mit 400 ml Wasser und allen restlichen Zutaten bis auf das Senfmehl (aber inklusive der übrigen 3 TL Senfsaat) vermengen. Alles einmal aufkochen, die Temperatur reduzieren und bei geschlossenem Deckel etwa 15 Minuten lang köcheln lassen. Den Deckel öffnen und die Masse etwa 10–15 Minuten unter gelegentlichem Rühren weiter köcheln lassen, bis sie etwas eindickt. Den Topf vom Herd nehmen und mit einem Holzlöffel das Senfmehl zügig einrühren.

Die Masse nicht mehr aufkochen, sondern sofort heiß in die vorbereiteten Einmachgläser abfüllen und diese fest verschließen. Luftdicht, kühl und dunkel gelagert hält sich der Senf mindestens 6 Monate.

SÜSSSAURE APRIKOSEN

Diese ähnlich wie süßsaurer Kürbis eingelegten Aprikosen waren eine spontane Idee, um etwas festere Früchte zu verarbeiten. Sie schmecken uns am besten zu Nudelgerichten wie den gefüllten Schlutzkrapfen auf Seite 122.

Die Aprikosen häuten und halbieren (siehe Seite 323).

In einem Topf alle restlichen Zutaten vermischen und unter Rühren sanft erhitzen, bis sich der Zucker auflöst. Einmal aufkochen. Dann die Temperatur reduzieren und die Aprikosen in den Sud geben. Alles gemeinsam wieder heiß werden lassen und sanft 2–3 weitere Minuten köcheln lassen. Die Früchte sollten dabei nicht zerfallen.

Anschließend die eingekochten Aprikosen und Gewürze sofort auf die vorbereiteten Einmachgläser verteilen. Für eine dezentere Gewürznote die Zimtstange und den Anisstern nicht mit in die Gläser geben, da diese mit der Zeit immer mehr Aroma an die Früchte abgeben. Die Aprikosen mit der heißen Flüssigkeit bedecken und die Gläser fest verschließen. Kühl und dunkel gelagert halten sich die Früchte mindestens 6 Monate.

ERGIBT 4 EINMACHGLÄSER À 160 ML

- 500 g reife, feste Aprikosen
- 300 g Rohrohrzucker
- 200 ml Weißweinessig
- 1 kleine Stange Zimt, in Stücke gebrochen
- 1 TL braune Senfsaat
- 1 Anisstern, in Stücke gebrochen

- 4 sterilisierte Einmachgläser à 160 ml

SCHLUTZKRAPFEN MIT DICKEN BOHNEN UND SÜSSSAUREN APRIKOSEN

FÜR 4 PERSONEN

FÜR DIE SCHLUTZKRAPFEN UND FÜLLUNG

- 200 g bunter Mangold
- 2 EL Olivenöl
- 2 gelbe Zwiebeln, fein gewürfelt
- 2 Knoblauchzehen, fein gehackt
- 4 Zweige frischer Thymian, Blätter gezupft
- 1 kleiner Zweig frischer Rosmarin, Nadeln gezupft
- 200 g mehligkochende Kartoffeln, in der Schale frisch gegart
- 50 ml Hafermilch natur
- 1 Msp. frisch geriebene Muskatnuss
- Meersalz
- frisch gemahlener schwarzer Pfeffer
- 40 Kreise Roggen-nudelteig, siehe Seite 308
- Mehl zum Arbeiten

AUSSERDEM

- 600 g dicke Bohnen in der Schote (etwa 175 g Bohnenkerne)
- 1 Glas süßsaure Aprikosen, siehe Seite 119
- 2 Zweige frischer Majoran, Blätter und Blüten gezupft
- frisch gemahlener schwarzer Pfeffer

FÜR DAS TOPPING

- 2 EL frisch geröstete Semmelbrösel

Für die Füllung die Mangoldblätter mit einem scharfen Messer von den Mittelrippen lösen und beides getrennt fein hacken. In einer Pfanne das Olivenöl erhitzen, die Zwiebeln und den Knoblauch darin anbraten. Die Kräuter und die Mangoldstiele dazugeben, das Gemüse in etwa 3 Minuten bissfest garen. Abschließend die Mangoldblätter dazugeben und durchschwenken.

Die Kartoffeln pellen und noch warm mit einer Kartoffelpresse in eine Schüssel pressen. Die Hafermilch unterrühren. Die Mangoldmischung unterziehen und alles mit Muskatnuss sowie mit Salz und Pfeffer kräftig abschmecken.

Die Kreise aus Roggennudelteig wie auf Seite 308 beschrieben vorbereiten. Zum Füllen der Nudeln eine kleine Schüssel Wasser bereitstellen. Auf eine mit etwas Mehl bestäubte Arbeitsfläche je einen Nudelkreis legen und in die Mitte 1 TL Füllung setzen. Den Rand rundum mit etwas Wasser bepinseln. Dann eine Seite halbmondförmig über die Füllung schlagen, die Ränder an- und mit einer Gabel festdrücken. Die übrigen Teigkreise und Füllung ebenso verarbeiten und alle gefüllten Nudeln auf einem mit Mehl bestäubten Brett 1 Stunde trocknen lassen.

Während die Nudeln trocknen, die dicken Bohnen palen, dann die Bohnenkerne blanchieren, abschrecken und häuten. Beiseitestellen. In einem Sieb die Aprikosen abtropfen lassen.

Für das Topping in einer kleinen Schüssel die Semmelbrösel, die Fenchelblüten sowie das Rauchsalz vermischen und beiseitestellen.

Für die Salbei-Kakaobutter in einer kleinen Pfanne die Kakaobutter zerlassen. Die Salbeiblätter darin bei niedriger Temperatur in 2–3 Minuten leicht knusprig anbraten. Die dicken Bohnen und die Aprikosen darin durchschwenken, bis alles erhitzt ist. Warm halten.

Für die Schlutzkrapfen in einem großen Topf leicht gesalzenes Wasser zum Sieden bringen. Die Nudeln portionsweise jeweils etwa 4 Minuten darin ziehen lassen. Sie sind gar, wenn sie an die Oberfläche steigen. Mit einem Schaumlöffel herausheben und in einer Schüssel schichtweise mit etwas von der Salbei-Kakaobutter beträufelt warm halten.

Zum Servieren die Schlutzkrapfen auf Tellern verteilen. Die restliche Salbei-Kakaobutter mit den Bohnenkernen und Aprikosen darübergeben und mit den Majoranblättern und -blüten garnieren. Etwas Pfeffer frisch darübermahlen. Die gewürzten Semmelbrösel sowie den Sbrinz als vegane und vegetarische Alternative für das Toppings separat dazu reichen.

- einige Fenchelblüten
- ½ TL Rauchsalz

FÜR DIE SALBEI-KAKAO-BUTTER
- 120 g Kakaobutter
- ½ Bund frische Salbeiblätter

AUSSERDEM
- 50 g Sbrinz, gerieben, alternativ Parmesan

STADT I LAND I PROVIANT

Im Sommer sind wir mehr denn je lange unterwegs in der Stadt und im Umland. Da man nie weiß, ob zwischendurch Zeit zum Essen bleibt, haben wir jetzt immer ein paar Nüsse und getrocknete Früchte dabei. Auch wenn es zum Besuch in den Garten geht, bringen wir als gute Gäste etwas mit. Würzige Terrinen sind dafür besonders gut geeignet – nicht nur, weil sie herrlich schmecken und in jedes Ambiente von rustikal bis elegant passen. Sie lassen sich auch sehr gut vorbereiten und praktischerweise gleich in der Backform transportieren. Für die Garnitur streifen wir dann einfach alle gemeinsam durch den Garten – ein bisschen frisches Grün findet sich immer.

SNACKPAKET MIT STUDENTEN-FUTTER DELUXE UND GEEISTEM AVOCADO-MOCHA

Über den kleinen Hunger helfen uns ein paar Nüsse und Trocken-früchte am besten hinweg. Wenn es heiß wird, nehmen wir außerdem gern einen cremigen Shake mit Espresso und Kakao mit auf den Weg. Der macht nicht nur wach, sondern auch ein bisschen satt.

Für die Gewürznüsse und -kerne in einer Schüssel die Gewürze, das Salz und den Zitronenabrieb mischen. Die heißen Nüsse und Kerne gründlich mit dem Öl vermischen und anschließend sofort in der Gewürzmischung wälzen. Abkühlen lassen. Luftdicht, kühl und dunkel gelagert hält sich die Mischung einige Wochen.

Für das Dörrobst beide Obstsorten getrennt und dicht nebeneinander auf die Einschübe eines Dörrgeräts oder in den Korb einer Heißluftfritteuse legen, die Kirschen mit dem Anschnitt nach oben. Dabei nicht stapeln, sondern gegebenenfalls portionsweise arbeiten. Alternativ die Früchte auf ein mit Backpapier ausgelegtes Backblech legen. Das jeweils gewählte Gerät oder den Backofen auf 60 °C vorheizen. Die Früchte etwa 5 Stunden trocknen, dann aus dem Gerät nehmen und abkühlen lassen. Wenn die Kirschen sehr saftig waren, die Früchte bei trockener Raumluft 1 Tag nachtrocknen lassen. Luftdicht verpackt hält sich das getrocknete Obst mehrere Monate.

Für den Avocado-Mocha im Standmixer alle Zutaten etwa 1 Minute lang auf höchster Stufe cremig pürieren. In die Flaschen füllen und etwa 10–15 Minuten im Tiefkühlfach anfrieren. Der Avocado-Mocha sollte getrunken werden, solange er kalt ist.

FÜR 150 G GEWÜRZNÜSSE UND -KERNE

- 1 TL geräuchertes Paprika-pulver
- 1 TL frisch geriebene Zimtstange
- ½ TL Meersalz
- feiner Abrieb von ½ unbehandelten Zitrone
- 50 g frisch geröstete Mandeln, noch heiß
- 50 g frisch geröstete Walnusskerne, noch heiß
- 50 g frisch geröstete Kürbiskerne, noch heiß
- 2 TL Olivenöl

FÜR ETWA 175 G DÖRROBST

- 500 g frische Kirschen, entsteint und halbiert
- 2 Birnen à 200 g, längs in dünne Scheiben geschnitten

FÜR 2 FLASCHEN AVOCADO-MOCHA À 350 ML

- 300 ml Getreide-Dattel-Milch, siehe Seite 295
- 300 ml frisch gebrühter Espresso, abgekühlt
- ½ kleine Avocado, Fruchtfleisch (70 g) ausgelöst
- 2 EL Kakaopulver, Rohkostqualität
- 2 EL Ahornsirup
- 1 TL gemahlene Vanille

- 2 verschließbare Flaschen à 350 ml

GRILLAUBERGINEN-TERRINE MIT MIRABELLEN-ROHKOSTKONFITÜRE UND BLÄTTERTEIGSTANGEN

FÜR 4 PERSONEN

Diese Terrine ist von der arabischen Creme Baba Ghanoush inspiriert. Die Auberginen dafür kann man auch im Ofen backen, über offener Flamme gegart ist ihr rauchiges Aroma jedoch unvergleichlich. Wer dieses Gericht glutenfrei servieren möchte, kann die Blätterteigstangen durch glutenfreie Cracker ersetzen.

FÜR DIE FARCE

- 700 g schmale Auberginen
- 100 g Seidentofu
- 3 TL Tahini
- 3 TL Kichererbsenmehl
- 1 TL Stärke
- ½ TL gemahlener Kreuzkümmel
- Meersalz
- frisch gemahlener schwarzer Pfeffer
- 1 TL plus 1 EL Sonnenblumenöl
- 2 Schalotten, fein gewürfelt
- 3 Knoblauchzehen, fein gehackt
- 2 EL schwarze Oliven, entsteint und halbiert
- Abrieb von ½ unbehandelten Zitrone

- 1 ofenfeste Kokotte oder Pastetenform mit Deckel à 400 ml, alternativ 1 nicht zu flache Auflaufform

FÜR 20 BLÄTTERTEIGSTANGEN

- 1 Portion gekühlter Kakaobutter-Blätterteig, siehe Seite 310
- 2 EL Mandelmilch natur
- 3 EL Za'atar, siehe Seite 315

Für die Farce die Auberginen mit einem Spieß von allen Seiten mehrmals tief einstechen. Auf dem Holzkohlegrill oder auf einem Rost über kleiner Gasherdflamme von allen Seiten etwa 20–30 Minuten rösten, bis die Haut schwarz wird und Saft austritt. Alternativ das Gemüse auf einem mit Backpapier ausgelegten Backblech im auf 220 °C vorgeheizten Backofen je nach Größe der Auberginen 35–45 Minuten backen, dabei gelegentlich wenden. Etwas abkühlen lassen. Dann die Haut von den Auberginen abziehen und jeweils den Strunk kappen, beides entsorgen. In einem Mixbecher das Auberginenfleisch gemeinsam mit dem Seidentofu, der Tahini, dem Kichererbsenmehl, der Stärke und dem Kreuzkümmel mit dem Stabmixer fein pürieren. Mit Salz und Pfeffer kräftig abschmecken.

Den Backofen auf 200 °C vorheizen und die Pastetenform mit 1 TL Öl ausstreichen. In einer Pfanne die Schalotten und den Knoblauch im restlichen Öl (1 EL) anbraten, bis sie duften und Farbe annehmen. Gemeinsam mit den Oliven und dem Zitronenabrieb unter die Auberginenfarce heben. Die Masse in die Pastetenform geben, glatt streichen und den Deckel auflegen. Im Ofen 45 Minuten backen, dabei nach 30 Minuten den Deckel abnehmen. Abschließend die Terrine aus dem Ofen nehmen (diesen nicht ausstellen) und in der Form vollständig auskühlen lassen. Dann im Kühlschrank mindestens 2 Stunden durchziehen lassen.

Für die Blätterteigstangen den Teig wie auf Seite 310 beschrieben vorbereiten und kühlen. Ein Backblech mit Backpapier auslegen und die Ofentemperatur auf 180 °C einstellen. Auf einer mit wenig Mehl bestäubten Arbeitsfläche den gekühlten Teig 2–3 mm dick ausrollen. Die Teigplatte in 12 cm lange und 2 cm breite Streifen schneiden. Die Streifen auf beiden Seiten dünn mit der Mandelmilch bepinseln und mit dem Za'atar bestreuen, die Gewürzmischung dabei vorsichtig andrücken. Jeden Streifen in sich verdrehen und auf das Backblech legen. Die Blätterteigstangen im Backofen in etwa 12–15 Minuten goldbraun backen. Aus dem Ofen nehmen und die Stangen zum Auskühlen auf ein Kuchengitter legen. Luftdicht verpackt bleiben sie 2–3 Tage knusprig.

Für die Garnitur die Tomatenhälften, Zwiebelringe und Oliven auf der Terrine anrichten. Mit dem Olivenöl und Zitronensaft beträufeln, mit Salz und Pfeffer sowie mit den Kräutern bestreuen. Die Mirabellen-Rohkostkonfitüre mit den Lavendelblüten garnieren und gemeinsam mit den Blätterteigstangen zur Terrine servieren.

FÜR DIE GARNITUR

- 1 Handvoll Cherrytomaten, halbiert
- 1 kleine rote Zwiebel, in Ringe geschnitten
- 1 EL schwarze Oliven, entsteint und halbiert
- 1 EL Olivenöl
- 1 TL Zitronensaft
- Meersalz
- frisch gemahlener schwarzer Pfeffer
- etwas Schnittfenchel oder Dill, Blätter gezupft

AUSSERDEM

- 1 Glas Mirabellen-Rohkostkonfitüre, siehe Seite 297
- einige frische Lavendelblüten

GEFÜLLTE PITA MIT LABNEH, RÖSTPAPRIKA-HUMMUS UND BUNTEM GEMÜSE

ERGIBT 8 GEFÜLLTE
PITA-BROTE

Der Clou dieses Klassikers sind der würzige Röstpaprika-Hummus und der cremige Labneh, den man vegan oder vegetarisch zubereiten kann.

FÜR DEN RÖSTPAPRIKA-HUMMUS
- 1 kg rote Spitzpaprikaschoten (ergibt 300 g geröstete Paprika), längs geviertelt
- 1 kleine frische Knoblauchknolle, geputzt, quer in dicke Scheiben geschnitten
- 1 TL Sonnenblumenöl
- 3 EL Tahini
- Saft und feiner Abrieb von ½ unbehandelten Zitrone
- ½ TL gemahlener Kreuzkümmel
- Meersalz
- frisch gemahlener schwarzer Pfeffer
- 1 EL Olivenöl
- 1 TL gemahlener Rosenpaprika

FÜR DIE TAHINISAUCE
- 4 EL Tahini
- Saft von 1 Zitrone
- Meersalz
- frisch gemahlener schwarzer Pfeffer
- 1 Msp. Gewürzmischung für herzhafte vegane Zubereitungen, siehe Seite 313

FÜR DAS GEMÜSE
- ½ Glas saure Wachsbohnen, siehe Seite 300
- 2 EL Olivenöl

Für den Hummus den Backofen auf 220 °C vorheizen. Ein Backblech mit Backpapier auslegen und die Paprikaviertel und Knoblauchscheiben darauf verteilen. Im Ofen etwa 20 Minuten backen, bis die Haut der Paprikastücke schwarz wird und Blasen wirft. Das Blech aus dem Ofen nehmen und den Knoblauch beiseitestellen. Die Paprika in einer Gefrierdose abkühlen lassen und häuten (siehe Seite 323). Beide Gemüse mit allen restlichen Zutaten bis auf das Olivenöl und das Paprikapulver in einen Mixbecher geben und mit dem Stabmixer fein pürieren. Abgedeckt beiseitestellen.

Für die Tahinisauce in einer kleinen Schüssel alle Zutaten gemeinsam mit 4 EL Wasser mit einem Schneebesen verquirlen. Abgedeckt beiseitestellen.

Für das Gemüse die sauren Wachsbohnen abtropfen lassen. Einen Topf wenige Zentimeter hoch mit Wasser füllen, die Bohnen darin aufkochen. Dann die Temperatur reduzieren und die Bohnen in etwa 10 Minuten bissfest garen. Abgießen, mit 1 EL Olivenöl zurück in den Topf geben und durchschwenken, salzen und pfeffern. Warm halten.

Während die Wachsbohnen garen, für die Zucchini in einer Pfanne das restliche Öl (1 EL) erhitzen und die Viertel darin von allen Seiten anbraten. Salzen und pfeffern, abschließend in der Pfanne warm halten.

Zum Anrichten auf einer großen Platte den Röstpaprika-Hummus wellig ausstreichen, etwas Olivenöl in die Vertiefungen gießen und das Paprikapulver darüberstäuben. Alle Gemüse und die Sprossen daneben arrangieren. Die Wachsbohnen mit der Minze garnieren und etwas Pfeffer frisch über die Zucchini mahlen. Gemeinsam mit dem Labneh, der Tahinisauce und den Pita-Broten servieren. Die Brote bis zur Hälfte aufschneiden, nach Geschmack mit den Zutaten füllen und frisch aus der Hand essen.

- Meersalz
- frisch gemahlener schwarzer Pfeffer
- 3 kleine Zucchini à 150 g, längs geviertelt
- 2 Handvoll Rankspinat, Blätter gezupft, alternativ junger Blattspinat

AUSSERDEM
- 4 EL Brokkolisprossen, gut gespült und abgetropft
- 2 Zweige frische Minze, Blätter grob zerzupft
- 1 Glas Labneh in Öl, siehe Seite 297
- 8 Pita-Brote, siehe Seite 303

DER GESCHMACK VON TOMATEN

Wenn die ersten Freilandtomaten aus der Region zu haben sind, bleibt die Küche manchmal kalt. Denn kaum etwas schmeckt uns pur so gut wie vollreife Tomaten, einfach mit etwas Brot und gutem Olivenöl zum Tunken. Jede Sorte schmeckt anders, von frucht- bis säurebetont, und gerade die Wiederentdeckung alter und oft robuster Varianten trägt zur Artenvielfalt auch bei Nutzpflanzen bei.

Auf dem Balkon reifen bei uns etwa Berner Rose sowie die kleine Himbeertomate, und aus dem Garten oder vom Wochenmarkt kommen Black Zebra, Ochsenherz-, Ananastomaten sowie viele andere Sorten hinzu.

SOCCA MIT TOMATEN, ZWIEBEL-DATTEL-CONFIT UND KAPUZINERKRESSE MAL DREI

FÜR 2 PERSONEN
ALS LUNCH | FÜR 4
ALS VORSPEISE

Neben der Tomatenvielfalt liegt der Reiz dieses Rezepts in der dreifach verwendbaren Kapuzinerkresse. Es lohnt sich, auf dem Balkon oder im Garten mehrere Pflanzen zu ziehen, denn so kann man immer einige Blüten stehen lassen. Welken diese, bilden sich am Strauch Samenkapseln, die sich wie Kapern verarbeiten lassen.

FÜR DIE SOCCA
- 100 g Kichererbsenmehl
- 1 TL geräuchertes Paprika-pulver
- Meersalz
- frisch gemahlener schwarzer Pfeffer
- 1 EL Olivenöl plus Öl für die Form

- 1 Tarteform à 26 cm Ø

FÜR DAS ZWIEBEL-DATTEL-CONFIT
- 125 g gelbe Zwiebeln, in feine Ringe geschnitten
- 75 g getrocknete Datteln, entsteint und fein gehackt
- 50 ml Balsamico-Essig
- 25 ml Apfeldicksaft
- 1 Msp. gemahlene Vanille
- 1 Prise Meersalz
- frisch gemahlener schwarzer Pfeffer

FÜR DIE OFENTOMATEN
- Sonnenblumenöl für die Form
- 400 g gemischte kleine Tomaten
- 1 Prise Rohrohrzucker
- Meersalz
- frisch gemahlener schwarzer Pfeffer

Für die Socca in einer großen Schüssel alle Zutaten zusammen mit 200 ml Wasser mit dem Schneebesen zu einem homogenen Teig verrühren. Diesen 2 Stunden bei Raumtemperatur ruhen lassen.

Für das Zwiebel-Dattel-Confit in einem Topf alle Zutaten einmal aufkochen. Dann die Temperatur reduzieren und alles etwa 20 Minuten köcheln lassen, bis das Ganze leicht eindickt. Dabei gelegentlich umrühren. In einer kleinen Schüssel abgedeckt beiseitestellen.

Den Backofen auf 250 °C vorheizen. Für die Socca die Tarteform und für die Ofentomaten eine Auflaufform mit Öl ausstreichen. Die leere Tarteform in den vorgeheizten Ofen stellen und das Öl in der Form heiß werden lassen.

Parallel für die Ofentomaten die ganzen Tomaten in die vorbereitete Auflaufform setzen, mit dem Zucker bestreuen, dann salzen und pfeffern.

Für die Socca den Teig nochmals durchrühren. Den Ofen öffnen und den Teig gleichmäßig in die nun heiße Tarteform gießen; es sollte dabei zischen. Die Tomaten ebenfalls in den Ofen schieben. Beides etwa 10 Minuten backen, bis die Socca goldgelb ist, die Tomaten aufplatzen und der austretende Saft leicht karamellisiert.

Für den Salat große Tomaten halbieren, dann alle Früchte in dicke Scheiben schneiden. Für das Dressing alle Zutaten mit einem kleinen Schneebesen verquirlen. In einer Salatschüssel die Tomatenstücke, die Kräuter und Zwiebelringe mit dem Dressing vermischen.

Anschließend die Socca und die karamellisierten Tomaten aus dem Ofen nehmen. Etwas Olivenöl auf die Socca träufeln und einige Ofentomaten sowie die Kapuzinerkresse, -blüten und -kapern darauf anrichten. Etwas Pfeffer frisch darübermahlen. Zum Servieren die Socca in Tortenstücke schneiden und die restlichen Ofentomaten, das Confit und den Tomatensalat separat dazu reichen.

FÜR DEN TOMATENSALAT
- 750 g gemischte Fleischtomaten
- einige zarte Brennnesselblätter mit Knospen
- kleine Spitzwegerichblätter grob gezupft oder je nach Wildkräuterangebot
- 1 rote Zwiebel, in Ringe geschnitten

FÜR DAS DRESSING
- 3 EL Olivenöl
- 2 TL Zitronensaft
- Meersalz
- frisch gemahlener schwarzer Pfeffer

AUSSERDEM
- 1 EL Olivenöl
- etwas Kapuzinerkresse mit Blüten
- 2 TL Kapuzinerkresse-Kapern, siehe Seite 316, alternativ herkömmliche Kapern
- frisch gemahlener schwarzer Pfeffer

HALBGEFRORENES AUS WALD-HEIDELBEEREN AUF WARMEM ROGGEN-CRUMBLE

Aus den nordeuropäischen Küchen schätzen wir alles Süße mit kräftigem Roggenmehl, das wiederum gut zu Waldheidelbeeren passt. Nicht immer haben wir Erfolg beim Sammeln in der Natur, aber glücklicherweise werden die kleineren und aromatischeren Verwandten der Kulturheidelbeere auch auf Wochenmärkten verkauft. Daraus haben wir eine herrlich fruchtige Eiscreme zubereitet – handgerührt nach einer Vorgehensweise aus Arnes Kindheitserinnerungen.

Für das Halbgefrorene die Beeren in eine Gefrierbox geben und 24 Stunden ins Tiefkühlfach stellen.

Am Zubereitungstag eine große Schüssel mit dem Crushed Ice füllen und das Salz daruntermengen. Eine kleinere Schüssel in das Eis drücken. Die Beeren aus dem Tiefkühlfach nehmen und im Standmixer gemeinsam mit allen restlichen Zutaten fein pürieren. Die Masse in die kleinere Schüssel geben und 35–40 Minuten rühren: Zunächst immer wieder mit einem Teigschaber gleichmäßig an den Rändern und dem Boden der Schüssel entlangschaben, sodass die dort jeweils gefrierende dünne Schicht wieder in die Masse gerührt wird. Sie dickt erst während der letzten Minuten merklich ein, dann mit einem großen Metall- oder Holzlöffel weiterrühren. Wenn die Masse sehr dickcremig geworden ist, die kleine Schüssel abgedeckt für etwa 40 Minuten ins Tiefkühlfach stellen.

Für den Crumble den Backofen auf 180 °C vorheizen. In einer Schüssel alle trockenen Zutaten vermischen, das Öl sowie den Apfeldicksaft hineingießen und kurz vermengen. Dann mit den Fingerspitzen die Masse ähnlich wie bei einem Mürbeteig zu groben Krümeln verarbeiten.

Die Tarteletteformen mit Öl ausstreichen. Darauf 500 g der Beeren verteilen und darüber die Teigkrümel geben. Im Ofen 25 Minuten backen, dann herausnehmen und lauwarm abkühlen lassen.

Das Halbgefrorene aus dem Tiefkühlfach nehmen. Sollte es zu fest geworden sein, kurz bei Raumtemperatur antauen lassen. Zum Servieren auf jeden Crumble 1 große Kugel davon setzen und alles mit den restlichen frischen Beeren garnieren.

FÜR 4 PERSONEN

FÜR DAS HALBGEFRORENE
- 250 g Waldheidelbeeren
- 1,5 kg Crushed Ice
- 200 g Salz
- 75 g Dulce de leche aus Mandelmilch, siehe Seite 296
- 50 g helles Mandel- oder Cashewmus natur
- 50 ml Mandelmilch natur

FÜR DEN ROGGEN-CRUMBLE
- 250 g Roggenmehl Type 1150, gesiebt
- 50 g Weizenmehl Type 550, gesiebt
- 75 g Rohrohrzucker
- 1 TL gemahlene Vanille
- 1 Prise Meersalz
- feiner Abrieb von 1 unbehandelten Zitrone
- 150 ml Sonnenblumenöl plus Öl für die Backformen
- 75 ml Apfeldicksaft
- 600 g Waldheidelbeeren

- 4 Tarteletteformen à 14 cm Ø

JOHANNISBEER-TÜRMCHEN MIT KOKOSBISKUIT UND WEISSER CASHEW-GANACHE

Diese Törtchen sind vom traditionellen Rezept für Frankfurter Kranz inspiriert. Bis auf die Ganache können die einzelnen Komponenten auch am Vortag vorbereitet werden.

Für den Krokant in einem Topf die Kakaobutter bei niedrigster Temperatur zerlassen. Den Ahornsirup und die gehackten Nüsse gut untermengen. Die Masse auf einem mit Backpapier ausgelegten Teller verteilen und mit einer Gabel etwas auflockern. Den Krokant bei Raumtemperatur mindestens 2 Stunden antrocknen lassen und vor der Verwendung mit den Fingerspitzen krümelig reiben.

Für die Ganache in einem Topf 150 ml Kokosmilch aufkochen. Den Topf zunächst vom Herd nehmen und die Temperatur für den nächsten Schritt auf niedrigste Stufe reduzieren. In 5–6 Schritten die Schokolade in die Kokosmilch geben und jeweils mit einem Schneebesen kräftig unterrühren, bis sie sich auflöst. Erst dann die nächste Portion Schokolade einrühren, wenn die vorigen Schokoladenstücke verarbeitet sind. Wenn die Schokolade sich nicht mehr gut auflöst, die Mischung zwischendurch für einige Sekunden unter kräftigem Rühren nochmals auf den Herd stellen. Abschließend beiseitestellen und auf Raumtemperatur abkühlen lassen.

Die Cashewkerne in einem Sieb durchspülen und abtropfen lassen. In einer Schüssel gemeinsam mit der restlichen Kokosmilch (75 ml) mit dem Stabmixer pürieren, bis eine sehr feine und cremige Masse entsteht. Die Schokoladencreme mithilfe eines Esslöffels portionsweise unterziehen. Die fertige Ganache vor der Verwendung 20 Minuten abgedeckt im Kühlschrank etwas fester werden lassen.

Für die Biskuitböden mit der Ausstechform 24 Kreise aus der Teigplatte ausstechen. Die Reste etwa für ein Schichtdessert verwenden. Die fertigen Böden bleiben in einer verschlossenen Blechdose 1 Tag frisch.

Von den roten Johannisbeerrispen 50 g Beeren streifen und unter die Konfitüre heben. Alle Biskuitböden mit Aufgesetztem benetzen. Dann zum Zusammensetzen der Türmchen je 1 Biskuitboden mit 1 gehäuften TL Konfitüre und mit 2 TL Ganache bestreichen. Einen zweiten Boden aufsetzen, mit 1 weiteren gehäuften TL Konfitüre bestreichen und einen dritten Boden aufsetzen. Die Türmchen rundum mit Ganache bestreichen, dann mit Krokant bestreuen. Anschließend 30 Minuten kühlen. Zum Servieren die Nektarinenspalten gemeinsam mit den restlichen roten und weißen Johannisbeerrispen auf den Türmchen arrangieren.

ERGIBT 8 TÜRMCHEN

FÜR DEN SCHNELLEN KROKANT
- 15 g Kakaobutter
- 2 EL Ahornsirup
- 100 g frisch geröstete Haselnusskerne, gehackt

FÜR DIE GANACHE
- 225 ml Kokosmilch, 60 % Kokosanteil
- 300 g vegane weiße Schokolade, gehackt
- 200 g Cashewkerne, über Nacht eingeweicht

- 1 Platte frisch gebackener Biskuit, siehe Seite 300

- 1 runde Ausstechform à 7 cm Ø

AUSSERDEM
- 125 g rote Johannisbeer-rispen
- 1 Glas Johannisbeer-Rohkostkonfitüre, siehe Seite 297
- 2 EL Felsenbirnen-Aufgesetzter, siehe Seite 155, alternativ Himbeergeist oder für Kinder Himbeersaft
- 1 Nektarine, in Spalten geschnitten
- 75 g weiße Johannisbeer-rispen

AUFGESETZTER MIT FELSENBIRNEN

Aufgesetzter war in der Zeit unserer Großeltern sehr verbreitet: Aus der meist eigenen Johannisbeerernte, angereichert mit Kandiszucker und übergossen mit klarem Korn, wurde in ein paar Wochen ein recht herber Likör.

Ein glücklicher Fund reifer Felsenbirnen brachte uns auf die Idee, auch einen Versuch zu wagen. Das Kernobst reift an bis zu drei Meter hohen Sträuchern, die wegen des marzipanähnlichen Aromas der dunkelroten bis schwarzblauen Früchte auch Pralinenbäume genannt werden. Unreife Felsenbirnen und auch die Kerne der reifen Früchte enthalten geringe Mengen eines Glykosids, das Blausäure freisetzt. Vollreife Felsenbirnen jedoch sind ein ungefährlicher Hochgenuss und unzerkaute Kerne bereiten ebenfalls keine Probleme.

ERGIBT ETWA 300 ML AUFGESETZTEN

- 150 g Felsenbirnen, Stiele entfernt
- 4 EL Rohrohrzucker
- 350 ml Wodka

- 1 sterilisierte verschließbare Flasche à 500 ml
- Mulltuch

Die Felsenbirnen in die vorbereitete Flasche füllen, den Zucker darübergeben, mit Wodka auffüllen und die Flasche gut verschließen. An einem kühlen und dunklen Ort mindestens 4 Wochen oder bis zu mehreren Monaten durchziehen lassen – je länger die Extraktion andauert, desto intensiver wird das Aroma. Die Flasche dabei so lange täglich einmal schütteln, bis sich alle Früchte mit Flüssigkeit vollgesogen haben und auf den Boden gesunken sind, meist nach etwa 2–3 Wochen.

Nach der Extraktion den Aufgesetzten durch ein mit einem sauberen Mulltuch ausgelegtes Sieb abfiltern und in die sterilisierte Flasche füllen. Die aufgefangenen Früchte etwa für einen Kuchen oder für Süßspeisen verwenden, wenn sie noch Aroma haben. Je länger der Aufgesetzte gezogen hat, desto ausgelaugter schmecken sie jedoch.

Alternativ je nach gewünschter Intensität den Aufgesetzten zunächst direkt aus der ursprünglichen Flasche verwenden, also ohne Abfiltern und Umfüllen. In diesem Fall ist zum Servieren ein Ausgießer-Aufsatz für die Flasche nötig, damit die Früchte beim Einschenken nicht mit ausgegossen werden. Wenn keine Flüssigkeit mehr über dem Obst steht, kann dieses verderben. Um das zu vermeiden, die restliche Flüssigkeit wie beschrieben abfiltern und in eine kleine sterilisierte Flasche füllen. Die aufgefangenen Früchte entsorgen.

HERBST

Nie empfinden wir Lichtstimmungen und Farben als schöner und Gerüche eindrücklicher als im Herbst. Denn in den Wochen zwischen Spätsommer und Adventszeit hält die Stadtnatur einen Rausch sinnlicher Naturschauspiele bereit, von golden glitzernden Vormittagen nach dem Frühnebel bis zu den ersten Frösten, wenn sich Berge von raschelndem bunten Laub in den Parks zu duftendem Humus zersetzen. Auch die raue Seite dieser Jahreszeit schätzen wir: Wenn uns auf unseren Streifzügen Wind und Regen herausfordern, spüren wir die Elemente besonders intensiv. Wieder zu Hause angekommen, steigt unser Verbrauch an Kerzen ebenso wie unser Appetit auf Deftiges.

Auch kulinarisch bedeutet der Herbst für uns Vielfalt. Überall um uns herum reift erst der Holunder, dann Hagebutten und etwas seltener Schlehen. Im Garten ernten wir Kürbisse, und auf unseren Radtouren pflücken wir Quitten und Apfelsorten aller Couleur. Auf dem Wochenmarkt wiederum treffen Kohl, Rüben und Knollen auf letzte Zwetschgen und Steinpilze. Wir lieben diese Zeit des Übergangs, probieren alte Kartoffel- und Getreidesorten aus und holen häufiger als sonst den schweren Granitmörser für Pasten und Gewürzmischungen hervor. Proviant für unterwegs mögen wir nun handlich und nussig, und zum Sonntagsfrühstück essen wir am liebsten Pancakes. Der Herbst ist unsere Zeit.

SCHLEHEN

Sie sehen aus wie große Beeren, sind aber tatsächlich mit Pflaumen verwandt: die tiefblauen Schlehen. Ähnlich wie Brombeeren findet man Schlehdornsträucher an Wald- und Wegsäumen sowie am Rande von Parks. Vor dem ersten Frost gepflückt schmeckt das Steinobst noch sehr streng, denn erst bei Minusgraden baut sich ein Teil der Gerbstoffe ab. Mindestens 24 Stunden im Tiefkühlfach können diesen Prozess ersetzen – zurück bleibt dann das charakteristische, angenehm herb-süße Aroma. Der Sirup, der aus unserem ersten Zufallsfund entstand, hat uns begeistert. Seither haben Schlehen einen festen Platz auf unserem urbanen Erntekalender. Wir kochen die Früchte nicht direkt ein, sondern stellen einen sanfteren Auszug her.

MOHN-HASELNUSS-PANCAKES MIT GEGRILLTEN ROSMARIN-BIRNEN UND SCHLEHENSIRUP

Wir mögen Kombinationen aus herzhaften und süßen Zutaten. Diese Buchweizen-Pancakes etwa sind salzig, und gemeinsam mit den fruchtigen Aromen ergibt das ein üppiges Soulfood-Frühstück oder ein nicht zu süßes Dessert.

FÜR 2 PERSONEN
ALS FRÜHSTÜCK |
FÜR 8 ALS DESSERT

ERGIBT 500 ML
SCHLEHENSIRUP
- 400 g Schlehen
- 1 kleine Stange Zimt
- 1 Vanilleschote, längs
  aufgeschnitten
- 400 g Rohrohrzucker

- Mulltuch
- 1 sterilisierte verschließbare Flasche à 500 ml

FÜR DAS TOPPING
- 2 EL Rosinen
- 2 EL Haselnussbrand
- einige Salzblätter

FÜR DIE PANCAKES
- 300 ml Dinkelmilch natur
- 35 g Mohnsamen, grob
  gemahlen
- 120 g Buchweizenmehl
- 35 g frisch geröstete
  Haselnusskerne, fein
  gemahlen
- 1 TL Meersalz
- 2 gestr. TL Weinstein-
  Backpulver
- 4 EL natives Kokosöl
  zum Ausbacken

FÜR DIE ROSMARIN-
BIRNEN
- 4 kleine feste Birnen,
  halbiert, das Kerngehäuse
  entfernt
- 2 TL Rohrohrzucker

Für den Sirup in einer Schüssel die Schlehen und die Gewürze mit etwa 500 ml kochendem Wasser übergießen, sodass die Früchte gut bedeckt sind. Abgedeckt 24 Stunden bei Raumtemperatur ziehen lassen. Danach alles durch ein Sieb geben und die Flüssigkeit dabei auffangen. In einem Topf diese einmal aufkochen. Die Schüssel reinigen, die Früchte und Gewürze wieder hineingeben und die aufgekochte Flüssigkeit darübergießen. Diesen Vorgang insgesamt viermal wiederholen. Dann den Auszug durch ein sauberes Mulltuch abseihen, er sollte etwa 400 ml betragen. Die ausgelaugten Früchte und die Vanilleschote entsorgen, die Zimtstange kann ausgekocht, getrocknet und einige Male wiederverwendet werden.

In einem Topf den Schlehensud mit dem Zucker unter Rühren erhitzen, bis sich der Zucker auflöst. Dann etwa 15 Minuten bei niedriger Temperatur sirupartig einköcheln. Heiß in eine sterilisierte Flasche abfüllen und gut verschließen. Kühl und dunkel gelagert hält er sich mindestens 1 Jahr.

Für das Topping in einer kleinen Schüssel die Rosinen im Nussbrand über Nacht einweichen. Den Brand kurz vor dem Servieren abgießen.

Für die Pancakes in einem kleinen Topf 4 EL Dinkelmilch erwärmen. Den Topf vom Herd nehmen und den Mohn in der Dinkelmilch 15 Minuten quellen lassen. In einer Schüssel 100 g Buchweizenmehl, die Haselnüsse und das Salz vermengen. Mit einem Teigrührer oder Schneebesen die Mohnmischung sowie die restliche Dinkelmilch schrittweise unterziehen und alles zu einem cremigen Teig verrühren. Zum Quellen beiseitestellen.

Für die Birnen die Schnittflächen der Früchte mit dem Zucker bestreuen. Eine Grillpfanne großzügig mit Öl ausstreichen und bei mittlerer Temperatur erhitzen. Die Birnenhälften mit der Schale nach unten in die Grillpfanne setzen und 2 Minuten grillen. Kurz aus der Pfanne nehmen und die Rillen der Pfanne nochmals gut ölen. Die Birnenhälften mit der Schnittseite darauf setzen und etwa 1 Minute grillen. Danach jede Frucht kurz anheben, unter jede Birnenhälfte 1 Rosmarinzweig legen und die Birnen mit den Schnittflächen versetzt wieder auf die Grillrillen legen, sodass durch die Rillen der Grillpfanne ein Kreuzmuster entsteht. Nochmals 1–2 Minuten grillen. Warm halten.

Für die Pancakes in einer großen Pfanne 2 EL Kokosöl bei mittlerer Temperatur erhitzen. Das Backpulver mit dem restlichen Buchweizenmehl (20 g) vermischen und unter den Teig ziehen. In die Pfanne nebeneinander je 4 Kellen Teig schöpfen und so 4 Pancakes in etwa 2 Minuten backen, bis der Teig an der Oberseite nicht mehr feucht ist und Blasen wirft. Wenden und in 1–2 Minuten fertig backen. Herausnehmen und warm beiseitestellen, dann den restlichen Teig wie zuvor mit dem restlichen Kokosöl (2 EL) verarbeiten.

Auf jedem Pancake 1 Birne mit einigen Rosinen anrichten, mit dem Schlehensirup übergießen und mit wenigen Salzblättern bestreut servieren.

· Sonnenblumenöl zum Braten
· 8 zarte Zweige Rosmarin

BLUMENKOHL-FRITTERS MIT ZWETSCHGEN-HOLUNDER-KETCHUP UND HERBSTSALAT

FÜR 4 PERSONEN
ALS VORSPEISE

Ein fruchtiger Ketchup mit dem Traumpaar Zwetschge und Holunder passt gut zu außen knusprigen und innen cremigen Fritters aus der Pfanne. Die Idee, beides mit dem Aroma von Wildem Hopfen zu kombinieren, hat der Zufall erbracht: Auf einem Spaziergang fanden wir seine Ranken verschlungen mit einem Holunderstrauch.

FÜR DAS DRESSING
- 3–4 Ähren vom Wilden Hopfen, aus Wildsammlung oder aus dem Garten
- 4 EL Avocado-Öl
- 3 TL Weißweinessig
- Meersalz
- frisch gemahlener grüner Pfeffer

ERGIBT ETWA 16 FRITTERS
- 1 kg Blumenkohl, grob geraffelt
- 700 ml Dinkelmilch natur
- Meersalz
- 100 g Graupen
- 7 EL Sonnenblumenöl
- 2 große Schalotten, fein gewürfelt
- 3 Knoblauchzehen, fein gehackt
- 2 EL Kichererbsenmehl
- 2 gestr. TL edelsüßes Paprikapulver
- 2 EL Dinkelgrieß
- frisch gemahlener schwarzer Pfeffer
- 4 EL Vollkornhaferflocken

FÜR DEN SALAT
- 1 kleiner Kopf Radicchio, Blätter in mundgerechte Stücke gezupft
- 1 kleine Knolle Fenchel, geputzt und in feine Scheiben gehobelt

Für das Dressing eine kleine Schüssel mit Wasser füllen. Die Hopfenähren vorsichtig ausschütteln, dann im Wasser schwenken und auf Küchenpapier abtropfen lassen. Die restlichen Zutaten bis auf den Pfeffer in ein verschließbares Glas geben und mit einem kleinen Schneebesen verquirlen. Die Blätter von den Ähren zupfen und unterziehen. Das Glas verschließen und das Dressing im Kühlschrank mindestens 12 Stunden ziehen lassen. Vor der Verwendung aus dem Kühlschrank nehmen und Raumtemperatur annehmen lassen. Kurz vor dem Anmachen des Salates den Pfeffer hinzufügen und nochmals verquirlen.

Für die Fritters den Backofen auf 170 °C vorheizen und zwei Backbleche mit Backpapier auslegen. Die Blumenkohlraffeln gleichmäßig auf den Backblechen verteilen und im Ofen etwa 25–30 Minuten rösten. Dabei die Raspeln gelegentlich wenden und die Bleche nach der Hälfte der Zeit durchwechseln. Aus dem Ofen nehmen und den gerösteten Blumenkohl in eine große Schüssel füllen.

Parallel in einem Topf die Dinkelmilch leicht salzen und die Graupen dazugeben. Unter Rühren aufkochen, dann die Temperatur reduzieren und die Graupen in etwa 25 Minuten gar köcheln. Gegebenenfalls noch etwas Dinkelmilch angießen. Anfangs gelegentlich und zum Ende der Garzeit ständig rühren. Die Graupen anschließend im Topf lauwarm abkühlen lassen, dann in die Schüssel zum Röstblumenkohl geben.

In einer kleinen Pfanne 1 EL Öl erhitzen und die Schalotten sowie den Knoblauch darin anbraten, bis sie duften und Farbe annehmen. Beides mit in die große Schüssel geben und gemeinsam mit den restlichen Zutaten bis auf die Haferflocken und das restliche Öl gut durchmischen. Die Masse sollte weich, aber gut formbar sein, gegebenenfalls etwas mehr Dinkelgrieß hinzufügen. Mit Salz und Pfeffer abschmecken.

Die Haferflocken in einen tiefen Teller geben. Mit den Händen aus der Masse flache Plätzchen von etwa 6 cm Ø formen und in den Haferflocken wenden. Abgedeckt auf einem Teller etwa 15 Minuten in den Kühlschrank stellen.

Während die Fritters kühlen, für den Salat alle Zutaten außer den Kürbiskernen vermischen und beiseitestellen.

In zwei großen Pfannen je 2 EL Sonnenblumenöl bei mittlerer Temperatur erhitzen. Die Fritters darin auf beiden Seiten in je etwa 2 Minuten knusprig braten. Dabei nach dem Wenden nochmals je 1 EL Öl in jede Pfanne geben.

Den Salat mit dem Dressing marinieren und die Kürbiskerne darüberstreuen. Zum Servieren auf jedem Teller einige Fritters mit etwas Salat anrichten und den Ketchup getrennt dazu reichen.

· 8 getrocknete Datteln, entsteint und längs geviertelt
· 1 kleine rote Zwiebel, in feine Ringe geschnitten
· 2 EL frisch geröstete Kürbiskerne

AUSSERDEM
· 1 Glas Zwetschgen-Holunder-Ketchup, siehe Seite 317

KÜRBIS ZUM LÖFFELN

*Wenn die Kürbissaison beginnt, freuen wir uns jedes
Mal über die Vielfalt an Formen und Farben. Die Palet-
te reicht vom leuchtend orangefarbenen Hokkaido
über den dunkelgrünen Muskat- bis zum birnenförmi-
gen Butternusskürbis und zu vielen Sorten mehr.
Wir mögen Kürbis in allen Varianten, ob gegrillt, als
Suppe oder zu Pasta, und gerade kleinere Kürbisse
finden wir zum Zerschneiden oft viel zu schade. Im
Ofen gebacken werden sie zum essbaren Gefäß zum
Beispiel für Risotto oder Currys.*

GRÜNES THAI-CURRY
GAENG KHIAO WAN
IM HOKKAIDOKÜRBIS

FÜR 4 PERSONEN

FÜR DIE GRÜNE CURRYPASTE
- ½ Bund Koriander
  mit Wurzeln, aus dem
  Asialaden
- 1 geh. TL frisch geröstete
  Korianderkörner
- 2 Stängel Zitronengras,
  äußere Blätter entfernt
  und das Innere fein
  gehackt
- 4–7 frische grüne Chilischoten, halbiert, entkernt
  und fein gehackt
- 10 g Galgantwurzel,
  aus dem Asialaden,
  fein gehackt
- 2 Frühlingszwiebeln,
  fein gehackt
- 2 Knoblauchzehen,
  fein gehackt
- ½ TL Meersalz

FÜR DIE KÜRBISSE
- 4 Hokkaidokürbisse
  à 750 g
- 4 TL Erdnussöl
- Meersalz
- frisch gemahlener
  schwarzer Pfeffer

FÜR DAS CURRY
- 450 g Rosenkohl, geputzt
  etwa 300 g
- 3 kleine Gelbe Bete
  à 100 g, mit Grün
- 1 rote Zwiebel
- 8 frische Mini-Maiskolben,
  aus dem Asialaden, längs
  halbiert

Für die Currypaste das Koriandergrün von den Wurzeln schneiden, abbrausen und trocken schütteln. Blätter zupfen und beiseitelegen. Die Wurzeln bürsten und waschen, mit den Stielen grob hacken. In einem großen Mörser die Korianderkörner zerstoßen. Dann alle weiteren Zutaten außer den Korianderblättern hinzufügen und alles zu einer möglichst feinen Paste verarbeiten. Alternativ einen Blitzhacker verwenden.

Für die Kürbisse den Backofen auf 190 °C vorheizen und ein Backblech mit Backpapier auslegen. Von den Kürbissen einen Deckel abschneiden und die Kerne herauslöffeln. Wenn die Kürbisse nicht von selbst stehen, den Boden vorsichtig gerade schneiden, ohne ihn zu beschädigen. Die Kürbisse innen mit etwas Öl ausstreichen, salzen und pfeffern. Die Deckel aufsetzen und alles auf dem Backblech im Ofen etwa 35–40 Minuten backen. Die Deckel abnehmen und die Kürbisse weitere etwa 10 Minuten garen, bis das Kürbisfleisch weich ist.

Parallel für das Curry vom Rosenkohl einige äußere Blätter von den Röschen abziehen und beiseitelegen, große Röschen halbieren. Von den Gelben Beten das Grün abtrennen, abbrausen und trocken schütteln. Die kleinen Blätter beiseitelegen, die restlichen Blätter und Stängel etwa wie Spinat für die Malfatti auf Seite 48 verwenden. Die Beten schälen und achteln, dabei Einmalhandschuhe tragen, damit die Hände nicht verfärben. Die Zwiebel ungeschält halbieren, dann die Hälften so häuten, dass die Enden noch zusammenhängen. Die Hälften jeweils vierteln.

In einer großen Pfanne mit hohem Rand das Öl auf mittlere Temperatur erhitzen. Die Currypaste darin unter Rühren erwärmen, bis sie duftet. Die Kokosmilch einrühren. Dann alle Gemüse hinzufügen, gut vermengen und etwa 2 Minuten bei geöffnetem Deckel köcheln. Die Brühe, den Zucker, den Limettenabrieb und die Sojasauce unterrühren, dann die Kaffir-Limettenblätter einlegen. Alles 10–15 Minuten köcheln. Die Korianderblätter fein hacken. Das Curry mit Salz und Zucker abschmecken und abschließend die Korianderblätter unterrühren.

Während das Curry gart, in einem kleinen Topf 2 cm hoch das Öl zum Frittieren erhitzen. Die zurückbehaltenen Rosenkohl- und Gelbe-Bete-Blätter darin 10–20 Sekunden frittieren, dabei mit einem Spritzschutz arbeiten. Die Blätter mit einem Schaumlöffel herausheben und auf Küchenpapier abtropfen lassen.

Die Kürbisse aus dem Ofen nehmen. Die Kaffir-Limettenblätter aus dem Curry entfernen und entsorgen. Zum Servieren das Curry in die Kürbisse schöpfen, mit den frittierten Rosenkohl- und Bete-Blättern garnieren. Die Kürbisdeckel seitlich auflegen.

- 1 EL Erdnussöl
- 350 ml Kokosmilch
- 4 halbe Bambusschösslinge aus dem Glas, abgetropft
- 250 ml Gemüsebrühe, siehe Seite 294
- 1–2 TL Kokosblütenzucker
- Abrieb von 1 unbehandelten Limette
- 1 EL Sojasauce
- 3 Kaffir-Limettenblätter, aus dem Asialaden

AUSSERDEM
- Erdnussöl zum Frittieren

ROTER RISOTTO MIT MARONEN-RÖHRLINGEN IM WACHOLDER-BUTTERNUSSKÜRBIS

Für die Kürbisse den Backofen auf 190 °C vorheizen und ein Backblech mit Backpapier auslegen. Die Kürbisse halbieren und die Kerne herauslöffeln. Die Vertiefung mit dem Löffel etwas weiter aushöhlen, das herausgeschabte Kürbisfleisch fein hacken und beiseitestellen. Die Schnittflächen der Kürbishälften mit einem Messer kreuzweise tief einritzen.

Die Wacholderbeeren mit der flachen Messerklinge flach drücken und sehr fein hacken. Mit dem Öl und allen Gewürzen verrühren, dann die Mischung mit einem Pinsel dünn auf die Schnittflächen der Kürbisse auftragen.

Die Kürbishälften auf dem Blech im Ofen 45–50 Minuten backen, bis das Kürbisfleisch gar ist.

Während die Kürbisse backen, für den Risotto die Stiele der Pilze fein hacken, große Hüte teilen. Getrennt beiseitestellen. Die Petersilie fein hacken, grobe Stiele etwa für Smoothies verwenden. In einem großen Topf 2 EL Öl auf mittlere Temperatur erhitzen, den Knoblauch und die Schalotte darin glasig dünsten. Die gehackten Pilzstiele mitbraten, bis der Pfanneninhalt duftet und Farbe annimmt. Den Reis dazugeben und rühren, bis alle Körner mit Öl überzogen sind. Mit dem Rotwein ablöschen. Dann kellenweise Brühe in den Risotto geben und stetig rühren, dabei jeweils warten, bis der Reis die Flüssigkeit aufgenommen hat. Abschließend das Steinpilzpulver sowie die Kakaobutter unterziehen. Alles mit Salz und Pfeffer abschmecken.

Kurz vor Ende der Risotto-Garzeit in einer Pfanne das restliche Öl (1 EL) auf mittlere bis hohe Temperatur erhitzen und die Pilzhüte darin unter Wenden einige Minuten lang goldbraun braten. Mit Salz und Pfeffer abschmecken sowie mit der Petersilie bestreuen.

Für das Topping in einer kleinen Schüssel die Pinienkerne, die Kakaonibs und die Salzblätter mischen.

Die fertig gegarten Kürbishälften aus dem Ofen nehmen. Zum Servieren je eine Hälfte auf einen Teller setzen, mit dem Risotto füllen und die Pilze darauf verteilen. Pfeffer frisch darübermahlen und das Topping sowie den Pecorino als vegane und vegetarische Alternativen getrennt dazu reichen.

FÜR 4 PERSONEN

FÜR DIE KÜRBISSE
- 2 Butternusskürbisse à 750 g
- 5 getrocknete Wacholderbeeren
- 2 EL Olivenöl
- 1 TL frisch geriebene Zimtstange
- Meersalz
- frisch gemahlener schwarzer Pfeffer

FÜR DEN RISOTTO
- 400 g frische Maronenröhrlinge, geputzt, alternativ andere Waldpilze
- einige Zweige Petersilie
- 3 EL Olivenöl
- 2 Knoblauchzehen, fein gehackt
- 1 Schalotte, fein gewürfelt
- 200 g roter Reis
- 100 ml trockener Rotwein
- 500–600 ml heiße Gemüsebrühe, siehe Seite 294
- 1 TL Steinpilzpulver
- 10 g Kakaobutter
- Meersalz
- frisch gemahlener schwarzer Pfeffer

FÜR DAS TOPPING
- 2 EL frisch geröstete Pinienkerne, fein gehackt
- 2 TL Kakaonibs, Rohkostqualität
- 1 TL Salzblätter

AUSSERDEM
- 50 g geriebener Pecorino

RÜBEN-BOWL MIT SESAM-EINKORN, GRÜNER SAUCE UND HAGEBUTTEN

FÜR 4 PERSONEN

FÜR DAS SESAMEINKORN
- 200 g Einkorn, aus dem Bioladen
- Meersalz
- 2 EL Avocado-Öl
- 2 EL frisch geröstete Sesamsaat
- frisch gemahlener schwarzer Pfeffer

FÜR DIE GRÜNE SAUCE
- 1 Bund Kräuter für Grüne Sauce, alternativ je etwas Petersilie, Schnittlauch, Borretsch, Pimpinelle, Sauerampfer, Kerbel und Gartenkresse oder ähnliche Gartenkräuter nach Angebot
- 1 große Avocado à 300 g
- Saft und feiner Abrieb von ½ unbehandelten Zitrone
- 1 Msp. milder Senf
- 2 Schalotten, fein gewürfelt
- Meersalz
- frisch gemahlener schwarzer Pfeffer

FÜR DAS GEMÜSE
- 1 Bund Karotten mit Grün
- 250 g kleine Butterrüben, alternativ eine andere Sorte kleiner Rüben
- 1 Handvoll reife Hagebutten
- 2 EL Sonnenblumenöl
- 20 g frischer Ingwer, geschält und fein gerieben
- Meersalz

Mit unseren teils hessischen Wurzeln ist Grüne Sauce für uns ein Muss. Die Saison endet vor dem ersten Frost – letzte Gelegenheit, den Kräuterklassiker einmal mit Avocado statt Schmand auszuprobieren und zur alten Kulturweizensorte Einkorn zu servieren. Hagebutten dazu sind ein schöner Farbtupfer: Die Früchte des auch überall in der Stadt zu findenden Rosenstrauchs sind reif, wenn sie auf Druck leicht nachgeben.

Für das Sesameinkorn in einem Topf das Getreide in 400 ml leicht gesalzenem Wasser einmal aufkochen. Die Temperatur reduzieren und bei geschlossenem Deckel in etwa 45 Minuten bissfest garen.

Für die Grüne Sauce alle Kräuter fein hacken. Bei harten Stängeln die Blätter zuvor von den Stielen zupfen und dickere Stängel etwa für Gemüsebrühe verwenden, zarte können mitverarbeitet werden. Dicke Borretschstiele zuvor schälen.

Die Avocado halbieren und den Kern entfernen. Das Fruchtfleisch auslöffeln und gemeinsam mit dem Zitronensaft, dem Senf und 75 ml Wasser in einem Standmixer 1 Minute fein mixen. Die Creme in eine kleine Schüssel füllen, mit Salz und Pfeffer abschmecken. Die gehackten Kräuter, die Schalotte und den Zitronenabrieb gleichmäßig unterheben. Abgedeckt kühl stellen.

Für das Gemüse von den Karotten etwa 3 cm oberhalb des Ansatzes das Grün abtrennen. Die Blätter von den Stängeln zupfen und etwa 1 Handvoll davon abbrausen, trocken schütteln und beiseitelegen. Das restliche Grün etwa für ein Pesto wie auf Seite 33 verwenden. Die Karotten mit dem grünen Ansatz sowie die Butterrüben ja nach Dicke längs halbieren oder vierteln. Die Hagebutten gründlich waschen und trocken tupfen, die Früchte halbieren und mit einem Messer die Nüsschen und Härchen herausschaben. Dabei Einmalhandschuhe tragen, da die Härchen die Haut reizen können. In einer Pfanne das Öl bei mittlerer Temperatur erhitzen. Den Ingwer darin kurz anbraten, dann die Karotten, Butterrüben und die Hagebutten dazugeben. Von allen Seiten anbraten und in etwa 4 Minuten bissfest garen. Mit Salz und Pfeffer abschmecken und die zurückbehaltenen Karottenblätter darüberstreuen. Warm halten.

Für das Sesameinkorn das fertig gegarte Getreide vom Herd nehmen. Das Öl und die Saat unterziehen, alles mit Salz und Pfeffer abschmecken.

Zum Anrichten das Sesameinkorn auf Schüsseln verteilen. Daneben den Friséesalat, das gebratene Gemüse sowie die gehobelten Teltower Rübchen arrangieren. Etwas Grüne Sauce über das Gemüse geben und die restliche Sauce separat dazu reichen.

- frisch gemahlener schwarzer Pfeffer
- einige Blätter Friséesalat, in mundgerechte Stücke gerissen
- 2 Teltower Rübchen, alternativ 1 kleiner Rettich, roh in feine Scheiben gehobelt

KARTOFFELVIELFALT

Kartoffeln gibt es in einer unübersehbaren Zahl an Sorten. Sie unterscheiden sich nicht nur nach Erntezeit und Kocheigenschaft, sondern auch in Form und Farbe: zum Beispiel von den länglichen Bamberger Hörnle über blaue Sorten wie St. Galler oder Vitelotte bis zu Kartoffeln mit rotem Fleisch wie Rote Emmalie oder Highland Burgundy Red. Auf Wochenmärkten findet man heute wieder diese und viele andere meist alte und samenfeste Sorten – im Vergleich oft weniger ertragreich, aber voller Geschmack. Uns macht es viel Spaß, damit zu experimentieren.

AUSTERNSEITLINGS-SCHNITZEL MIT LAUWARMEM KARTOFFEL-SALAT UND PORTULAK

Austernseitlinge sind zum Panieren wie gemacht. Ein lauwarmer Kartoffelsalat dazu schmeckt uns besonders gut mit frisch-säuerlichem Gemüseportulak, den wir im Community-Garten entdeckt haben. Mit seinen saftigen dicken Blättern ist er gut vom auch Winterportulak genannten Postelein zu unterscheiden.

Für den Kartoffelsalat die ungeschälten Kartoffeln in einem Topf mit Dämpfeinsatz in etwa 20–30 Minuten garen. Aus dem Topf nehmen und etwas abkühlen lassen. Schälen, halbieren und warm halten.

Während die Kartoffeln kochen, vom Portulak einzelne große Blätter abzupfen, Stiele mit kleineren Büscheln mundgerecht zuschneiden.

Für die Vinaigrette in einer kleinen Schüssel den Senf und den Essig mit einem kleinen Schneebesen verrühren. In dünnem Strahl unter Rühren das Öl einfließen lassen, dann den Ahornsirup und anschließend ebenfalls in dünnem Strahl die Brühe unterrühren. Mit Salz und Pfeffer abschmecken, dann die Schalotte sowie die Petersilie unterheben.

Für die Schnitzel das Mehl in einen tiefen Teller streuen. In einem zweiten Teller das Kichererbsenmehl mit der veganen Gewürzmischung vermischen und mit 12 EL Wasser verquirlen, kurz quellen lassen. In einem dritten tiefen Teller die Semmelbrösel mit etwas Salz und Pfeffer vermischen. Aufgewölbte Stielansätze der Pilze so abschneiden, dass diese flach in der Pfanne liegen. Alle Pilze im Mehl wenden, überschüssiges Mehl abklopfen. Kurz beiseitestellen.

In zwei großen Pfannen je 2 EL Öl auf mittlere Temperatur erhitzen. Die bemehlten Pilze nacheinander erst von beiden Seiten durch die Mischung mit dem Kichererbsenmehl ziehen und dann in den Semmelbröseln wenden. In jede Pfanne 6 Schnitzel setzen. Auf beiden Seiten in etwa 2 Minuten goldbraun braten, dabei nach dem Wenden nochmals 2 EL Öl in jede Pfanne geben. Salzen und pfeffern.

Während die Schnitzel braten, in einer Schüssel die noch warmen Kartoffeln in der Vinaigrette wenden und den Portulak unterheben. Zum Servieren auf jedem Teller 3 Schnitzel mit 1 Portion Kartoffelsalat anrichten. Die Zitrone in Spalten schneiden und zum Beträufeln der Schnitzel separat dazu reichen.

FÜR 4 PERSONEN

FÜR DEN KARTOFFELSALAT
- 1 kg vorwiegend fest-kochende mittelgroße Kartoffeln, möglichst rotfleischig
- 50 g Gemüseportulak

FÜR DIE VINAIGRETTE
- 2 TL mittelscharfer Senf
- 1 EL Holunderblütenessig, siehe Seite 75, alternativ ein anderer Frucht- oder Blütenessig
- 3 EL natives Rapsöl
- 1 EL Ahornsirup
- 3 EL Gemüsebrühe, siehe Seite 294
- Meersalz
- frisch gemahlener weißer Pfeffer
- 1 Schalotte, fein gewürfelt
- 1 EL Petersilie, fein gehackt

FÜR 12 SCHNITZEL
- 3 geh. EL Dinkelmehl, Type 1050
- 6 EL Kichererbsenmehl
- ½ TL Gewürzmischung für vegane Zubereitungen, siehe Seite 313
- 12 geh. EL Semmelbrösel
- Meersalz
- frisch gemahlener schwarzer Pfeffer
- 12 große Austernseitlinge à etwa 35 g, geputzt
- 8 EL Sonnenblumenöl
- 1 unbehandelte Zitrone, in Spalten geschnitten

QUITTEN

Die feinherben und leicht säuerlichen Quitten schmecken sowohl süß als auch pikant zubereitet. Erhältlich sind zwei Sorten, die jeweils nach ihrer Form benannt sind: Birnenquitten sind weicher und damit leichter zu verarbeiten, Apfelquitten sind fester, aber dafür aromatischer.

Quitten passen zu fast allem, was im frühen Herbst Saison hat, etwa zu Kürbissen oder tatsächlich auch zu Äpfeln und Birnen. Besonders gut schmecken sie uns – im Ganzen gegart und nussig gefüllt – zu allen erdigen Aromen wie etwa denen von Pilzen und Kartoffeln.

GEFÜLLTE QUITTEN, STEIN-PILZE UND VITELOTTE-KARTOFFELN AUS DEM OFEN

FÜR 2 PERSONEN ALS
ABENDESSEN |
FÜR 4 ALS VORSPEISE

FÜR DIE GEFÜLLTEN QUITTEN
- 2 Quitten
- 2 EL Zitronensaft
- 2 EL frische Cranberrys, alternativ Preiselbeeren aus dem Glas
- einige Walnusskerne, gehackt
- 1 EL Ahornsirup
- frisch gemahlener schwarzer Pfeffer
- Sonnenblumenöl für die Form

FÜR DIE MARINADE
- 6 EL Sonnenblumenöl
- 2 Knoblauchzehen, durch-gepresst
- 1 TL geräuchertes Paprika-pulver
- 1 TL frisch geriebene Zimtstange
- Meersalz
- frisch gemahlener schwarzer Pfeffer

FÜR DAS GEMÜSE
- 250 g Vitelotte-Kartoffeln, ungeschält, gut gewaschen und halbiert
- 250 g frische Steinpilze, geputzt und halbiert
- 1 rote Zwiebel, geviertelt
- einige Zweige Zitronen-thymian

Von den Quitten mit einem Küchentuch den Flaum abreiben. Einen Topf so hoch mit Wasser füllen, dass die Früchte im nächsten Schritt bedeckt sind. Dann 1 EL Zitronensaft zugeben. Die Quitten schälen und halbieren, die Schnittflächen sofort mit dem restlichen Zitronensaft (1 EL) beträufeln, damit sie nicht verfärben. Die Hälften mit einem Kugelausstecher ein wenig aushöhlen, dabei die Kerngehäuse entfernen. Die Früchte in das Zitronenwasser legen, einmal aufkochen und etwa 10 Minuten köcheln. Durch ein Sieb abgießen und abtropfen lassen.

Während die Quitten garen, für die Marinade in einer kleinen Schüssel alle Zutaten mit einem kleinen Schneebesen verquirlen. Beiseitestellen.

Die Cranberrys, die Nusskerne und den Ahornsirup vermischen, mit Pfeffer abschmecken. Die Quittenhälften dünn mit etwas Marinade bestreichen und mit der Cranberrymischung füllen.

Den Backofen auf 180 °C vorheizen und eine ofenfeste Form mit etwas Öl ausstreichen.

Für das Gemüse die Kartoffeln, Pilze und die Zwiebelviertel mit der restlichen Marinade bestreichen. Mit den gefüllten Quitten in die Form setzen und 15 Minuten backen. Dann die Kräuter auf dem Gemüse verteilen und alles weitere 15–20 Minuten backen, bis die Quitten bissfest und die Kartoffeln gar sind.

Während Gemüse und Quitten backen, für die Gremolata in einer kleinen Schale alle Zutaten vermischen. In einer weiteren kleinen Schale die Burrata mit einer Gabel grob zerteilen.

Über die fertig gegarten Quitten und das Gemüse frischen Pfeffer mahlen und alles direkt aus der Form servieren. Dazu als vegane und vegetarische Alternativen die Gremolata und die Burrata anbieten. Für ein vollständiges Abendessen einen frischen grünen Salat und Brot dazu reichen.

- einige kleine Zweige Rosmarin
- 4 frische kleine Lorbeerblätter, angeritzt
- frisch gemahlener schwarzer Pfeffer

FÜR DIE GREMOLATA
- ½ kleines Bund Petersilie, mit Stängeln fein gehackt
- 1 Knoblauchzehe, fein gehackt
- feiner Abrieb von ½ unbehandelten Zitrone
- Meersalz

AUSSERDEM
- 100 g Burrata

HOCH HINAUS

Keine Landschaft fasziniert uns so sehr wie die Berge, und deshalb zieht es uns immer wieder dorthin. Manchmal ergreifen wir spontan im Herbst die letzte Gelegenheit für ein langes Wochenende zwischen Bergwald, Almen und Felsen – kostbare Momente, die wir als Erinnerung in die dunkle Jahreszeit mitnehmen.

Genauso geht es uns mit den kulinarischen Eindrücken: Wir bringen sie mit nach Hause und machen dort etwas Neues daraus. Wie zum Beispiel aus dem Rezept für die kleinen Roggenbrote, die wir gern als Wanderproviant im Rucksack dabeihaben. Zu Buns umgewandelt wird daraus mit ein paar herbstlichen Zutaten aus den verschiedensten Alpenregionen ein alpiner Burger.

ALPINER FUSION-BURGER MIT ROGGEN-BUNS UND ROTE-BETE-PATTIES

FÜR 4 PERSONEN

FÜR DIE PATTIES

- 500 g Rote Bete mit Grün, alternativ statt Grün einige Zweige Petersilie
- 3 TL und 3 EL Sonnenblumenöl plus Öl zum Einfetten
- Meersalz
- frisch gemahlener schwarzer Pfeffer
- 1 Zwiebel, geviertelt
- 5 Knoblauchzehen
- 1 EL Aprikosensenf, siehe Seite 118, alternativ süßer Senf
- 200 g frisch geröstete Walnusskerne, mittelfein gehackt
- 3 geh. EL Semmelbrösel
- 1 EL Kichererbsenmehl
- 1 TL getrockneter Majoran

FÜR DIE MEERRETTICH-SAUCE

- 1 mehligkochende Kartoffel à 150 g, gegart und gepellt
- 75 ml Reismilch natur
- 75 ml Gemüsebrühe, siehe Seite 294
- 1 EL Zitronensaft
- 1 EL Sonnenblumenöl
- 50 g frischer Meerrettich, geschält und fein gerieben
- Meersalz
- frisch gemahlener weißer Pfeffer

Ein asiatisch inspirierter Burger ist auf unserem Blog der mit Abstand am häufigsten aufgerufene Post. In diesem Rezept wenden wir die Idee des freien Kombinierens verschiedener Länderküchen auf den Alpenraum an, mit kulinarischen Anleihen von Bayern bis Südtirol. Die Buns und Patties dafür können am Vortag vorbereitet werden.

Für die Patties den Backofen auf 190 °C vorheizen. Von den Beten das Grün abschneiden und abbrausen. Einige Stängel und Blätter getrennt fein hacken und beiseitestellen, den Rest etwa für eine Gemüsesuppe verwenden. Die Knollen schälen und achteln, dabei Einmalhandschuhe tragen, damit die Hände nicht verfärben. Eine ofenfeste Form mit etwas Öl ausstreichen. Die Rote Bete hineingeben, mit 2 TL Öl beträufeln, salzen und pfeffern. Im Ofen etwa 45 Minuten weich garen, dabei hin und wieder wenden. Nach 15 Minuten die Zwiebeln und den Knoblauch hinzufügen und mit 1 TL Öl beträufeln, dann weiter garen. Anschließend herausnehmen und in einem hohen Mixbecher gemeinsam mit 1 EL Öl sowie dem Senf fein pürieren und in eine Schüssel füllen.

Von den Nusskernen 50 g abnehmen und beiseitestellen. Im Blitzhacker die restlichen Kerne fein mahlen. Davon wiederum 1 geh. EL abnehmen, mit 2 geh. EL Semmelbröseln mischen, auf einen großen flachen Teller geben und diesen ebenfalls beiseitestellen. Dann die größere Menge gemahlene Nusskerne, die restlichen Semmelbrösel (1 geh. EL), das Kichererbsenmehl und den Majoran gründlich unter die Rote-Bete-Masse ziehen. Die gehackten Rote-Bete Stängel und die zurückbehaltenen 50 g gehackten Walnusskerne unterheben. Mit Salz und Pfeffer abschmecken.

Aus der Masse mit den Händen 4 flache Patties mit 8–9 cm Ø formen, dabei Einmalhandschuhe tragen, damit die Hände nicht verfärben. Die Patties auf beiden Seiten in die Walnuss-Semmelbrösel-Mischung drücken. Abgedeckt mindestens 1 Stunde (bis zu 1 Tag, in diesem Fall vor dem Braten nochmals in frischen Semmelbröseln wenden) in den Kühlschrank stellen.

Für die Sauce die Kartoffel durch eine Kartoffelpresse drücken und in einen hohen Mixbecher geben. Gemeinsam mit der Reismilch, der Brühe, dem Zitronensaft und Öl cremig mixen. Wird die Sauce zu dickflüssig, etwas mehr Brühe hinzufügen. In eine kleine Schüssel füllen. Den Meerrettich sowie die zurückbehaltenen gehackten Beteblätter unterziehen, die Sauce kräftig mit Salz und Pfeffer abschmecken. Beiseitestellen.

Für das süßsaure Kraut die Kohlblätter in etwa 4 × 4 cm große Quadrate schneiden. In einer Pfanne das Öl auf mittlere Temperatur erhitzen und die Zwiebelringe darin anbraten, bis sie duften und Farbe annehmen. Den Zucker hinzufügen und die Zwiebeln karamellisieren lassen. Den Kohl zufügen und in etwa 2 Minuten etwas zusammenfallen lassen. Mit dem Essig ablöschen und die Brühe angießen. Den Shiitakepilz sowie die Kümmelsamen hinzufügen und alles bei geöffnetem Deckel in etwa 5 Minuten bissfest garen, bis alle Flüssigkeit verdampft ist. Mit Pfeffer und Rauchsalz kräftig abschmecken und den Shiitakepilz entfernen. Warm halten.

Während der Kohl gart, in einer kleinen Pfanne 1 TL Öl erhitzen und die Birnenspalten darin von beiden Seiten kurz anbraten. Warm halten.

Für die Patties und Roggen-Buns in zwei großen Pfannen je 2 EL Öl bei mittlerer Temperatur erhitzen. Die Buns aufschneiden. In einer Pfanne die Patties auf beiden Seiten etwa 2–3 Minuten anbraten, bis sich eine Kruste bildet. In der anderen Pfanne die Bun-Hälften auf der Schnittseite jeweils etwa 2 Minuten anrösten.

Zum Servieren die unteren Bun-Hälften auf je ein Brett setzen. Mit etwas Senf bestreichen, je 1 Endivienblatt daraufflegen und dann das Kraut darauf verteilen. Mit 1 Patty belegen, diesen mit Birnenspalten und Zwiebelringen bedecken und die Sauce darübergießen. Mit den oberen Bun-Hälften abschließen.

FÜR DAS SÜSSSAURE KRAUT

- ½ Kopf Weißkohl à etwa 500 g, Strunk entfernt
- 2 EL Sonnenblumenöl
- 1 gelbe Zwiebel, halbiert und in Ringe geschnitten
- 1 EL Rohrohrzucker
- 2 EL Apfelessig
- 75 ml Gemüsebrühe, siehe Seite 294
- 1 getrockneter Shiitakepilz
- 1 TL Kümmelsamen
- frisch gemahlener schwarzer Pfeffer
- 1 TL Rauchsalz

AUSSERDEM

- 1 TL plus 4 EL Sonnenblumenöl
- 1 Birne, Kerngehäuse entfernt, Fruchtfleisch in Spalten geschnitten
- 4 Roggen-Buns, siehe Seite 305
- 4 TL Aprikosensenf, siehe Seite 118, alternativ süßer Senf
- 4 Blätter Endiviensalat
- 1 rote Zwiebel, in dünne Ringe geschnitten

GETRÜFFELTE SÜSSKARTOFFEL-POMMES-FRITES

Ein bisschen Luxus darf manchmal sein, und weniges eignet sich dafür so gut wie frische Trüffeln. Ab September kommen die Sommer- beziehungsweise Burgundertrüffeln in den Handel und ab dem späten Herbst die besonders aromatischen schwarzen Perigord- und weißen Albatrüffeln. Ganz dünn über Fritten gehobelt entsteht Fast Food deluxe – ein Hauch der französischen Gewürzmischung Quatre-épices sowie ein gereifter Balsamico-Essig unterstreichen dies noch.

Für die Pommes frites den Backofen auf 220 °C vorheizen und ein Backblech mit Backpapier auslegen. Die Süßkartoffelstäbchen mit einem Pinsel von allen Seiten dünn mit Öl bestreichen, dann gleichmäßig auf dem Backblech verteilen. Das Blech in den Ofen schieben und die Pommes frites in etwa 25 Minuten knusprig backen, dabei gelegentlich wenden.

Parallel die Trüffel mit einer Pilzbürste gründlich reinigen. Ein Stück von der Trüffel abschneiden und den Abschnitt sehr fein hacken. Mit den Salzblättern und den Quatre-épices mischen, dann beiseitestellen.

Die fertig gegarten Pommes frites aus dem Ofen nehmen und in eine Schüssel füllen. Den Balsamico-Essig am besten mithilfe einer kleinen Sprühflasche ganz dünn darauf sprühen und die Salzmischung darüberstreuen, Pfeffer frisch darübermahlen und alles einmal gut durchmischen. Die Pommes frites auf kleine Papiertüten oder Teller verteilen und mit einem Trüffelhobel die verbleibende Trüffel frisch darüberhobeln. Alternativ die Trüffel auf einer feinen Reibe reiben.

FÜR 4 PERSONEN

FÜR DIE POMMES FRITES
- 1,2 kg Süßkartoffeln, möglichst länglich, geschält und in 12 cm lange und 1 cm dicke Stäbchen geschnitten
- 1–2 EL Sonnenblumenöl
- frisch gemahlener schwarzer Pfeffer

AUSSERDEM
- 1 frische Trüffel à 15–20 g
- 1 TL Salzblätter
- 1 TL Quatre-épices, siehe Seite 315
- 1 TL hochwertiger Balsamico-Essig

UNTERWEGS IM HERBST

Lange Herbstspaziergänge gehören zu den Dingen, auf die wir uns das ganze Jahr freuen. Einen Snack haben wir immer dabei, um die Lücke zwischen der letzten Mahlzeit und dem Abendessen zu füllen. Selbst gemachte Riegel sind dafür perfekt – und manchmal sind die dafür frisch aus der Schale geknackten Nüsse ein glücklicher Fund vom letzten Ausflug. In Papier gewickelt und mit einem Stück Bastschnur befestigt lassen sie sich als Snacks zudem gut transportieren.

KERNIGE RIEGEL
MIT MANDELN, NÜSSEN
UND DATTELN

ERGIBT 10 RIEGEL
- 10 g feste getrocknete Mangoscheiben, grob gehackt
- 100 g Kakaobutter
- 1 EL Ahornsirup
- 1 TL gemahlene Vanille
- 1 TL frisch geriebene Zimtstange
- 1 TL Koriandersamen, frisch geröstet und fein gemahlen
- Abrieb von 1 unbehandelten Zitrone
- 5 getrocknete Datteln, entsteint und grob gehackt
- 70 g frisch geröstete Mandeln, grob gehackt
- 35 g frisch geröstete Haselnusskerne, grob gehackt
- 35 g frisch geröstete Walnusskerne, grob gehackt
- 2 EL Vollkornhaferflocken

- 2 rechteckige Schalen oder Boxen à etwa 9 × 16 cm
- Butterbrotpapier

In einem leistungsstarken Blitzhacker die Mangoscheiben fein mahlen. Alternativ die Scheiben mit einem Messer fein vorhacken und anschließend in einer Gewürzmühle oder einer nicht mehr benötigten gereinigten Kaffeemühle mahlen.

In einem kleinen Topf die Kakaobutter bei niedriger Temperatur vorsichtig schmelzen, in eine Schüssel gießen und etwas abkühlen lassen. Erst den Ahornsirup und dann das Mangopulver, die Gewürze und den Zitronenabrieb unterrühren. Danach die Datteln, Mandeln, Nusskerne sowie die Haferflocken unterheben und alles gründlich vermischen.

Die Boxen mit dem Butterbrotpapier auslegen, die Masse gleichmäßig einfüllen und mit einem Löffelrücken fest andrücken. Über Nacht im Kühlschrank fest werden lassen. Danach die Platten mithilfe des Papiers aus den Formen heben und jeweils in 5 Riegel schneiden. Luftdicht, kühl und dunkel gelagert halten sie sich etwa 2 Wochen.

KLEINE APFELSTRUDEL
MIT VANILLESAUCE UND MUSKAT

Für die Vanillesauce 3 EL von der Reismilch in einer kleinen Schüssel mit der Stärke verrühren und beiseitestellen. In einem Topf die restliche Reismilch gemeinsam mit dem Nussmus und dem Zucker unter Rühren erhitzen, bis sich der Zucker aufgelöst und alles miteinander verbunden hat. Kurz vor dem Siedepunkt die Stärkemischung mit einem Schneebesen unterziehen. Alles einmal aufkochen, dann die Sauce bei reduzierter Temperatur noch 1 Minute unter Rühren köcheln, bis sie eindickt. Die Gewürze unterziehen. Die Sauce in eine Schüssel füllen und die Oberfläche mit hitzefester Frischhaltefolie bedecken. Zum Abkühlen beiseitestellen.

Für die Füllung den Zitronensaft in eine große Schüssel gießen und die Sultaninen sowie Korinthen hinzufügen. Die Apfelwürfel untermengen. Den Zucker sowie den Zimt hinzufügen, alles nochmals gut vermengen. In einer kleinen Schüssel die gemahlenen Mandeln mit den Semmelbröseln und dem Zitronenabrieb vermischen.

Den Backofen auf 200 °C vorheizen und ein Backblech mit Backpapier auslegen. Die Strudelblätter wie auf Seite 312 beschrieben vorbereiten und auf einem Tuch ausrollen. Das erste Strudelblatt vorsichtig mit 1 TL Öl betupfen. Dann dünn mit einem Viertel der Mandelmischung bestreuen, dabei rundum 2 cm Rand lassen. Ein Viertel der Füllung gleichmäßig auf der vorderen Hälfte des Strudelblattes verteilen. Mithilfe des Tuches den Strudel von der vorderen Seite her vollständig aufrollen. Die Seiten einschlagen und festdrücken. Ebenfalls mithilfe des Tuches den Strudel auf das Blech rollen, sodass die Nahtseite unten liegt.

Mit den restlichen Zutaten 3 weitere Strudel auf die gleiche Weise zubereiten. Die Reismilch mit dem restlichen Öl (1 EL) verquirlen und beiseitestellen. Das Blech in den Ofen schieben und die Strudel zunächst 15 Minuten backen. Dann den Teig obenauf mit der Ölmischung bestreichen und die Strudel in weiteren etwa 20 Minuten goldbraun backen. Aus dem Ofen nehmen, lauwarm abkühlen lassen und mit Puderzucker bestäuben.

Zum Servieren die Apfelstrudel in dicke Scheiben schneiden. Je 2–3 davon in tiefe Tellern setzen, etwas Vanillesauce angießen und die restliche Sauce separat dazu reichen. Von der Muskatnuss reibt sich bei Tisch jeder selbst ein wenig über die Sauce. Die Strudel lassen sich auch sehr gut im Ganzen einfrieren und unaufgetaut bei 200 °C etwa 15 Minuten lang aufbacken.

ERGIBT 4 STRUDEL À ETWA 35 CM LÄNGE, JEWEILS 6–8 STÜCKE

FÜR DIE VANILLESAUCE
- 500 ml Reismilch natur
- 1 geh. EL Stärke
- 50 g weißes Mandelmus oder Cashewmus natur
- 100 g Rohrohrzucker
- 1 TL gemahlene Vanille
- 1 TL Gewürzmischung für süße vegane Zubereitungen, siehe Seite 313

FÜR DIE FÜLLUNG
- Saft und Abrieb von 1 unbehandelten Zitrone
- 50 g Sultaninen
- 50 g Korinthen
- 1,2 kg Äpfel verschiedener Sorten, Kerngehäuse entfernt und Fruchtfleisch fein gewürfelt
- 150 g Rohrohrzucker
- 1 TL frisch geriebene Zimtstange
- 50 g frisch geröstete Mandeln, fein gemahlen
- 1 geh. EL Semmelbrösel
- 4 TL plus 1 EL Sonnenblumenöl
- 1 EL Reismilch natur

AUSSERDEM
- 4 Strudelblätter, siehe Seite 312
- 4 EL Puderzucker
- etwas frisch geriebene Muskatnuss

BLAUE (TEE-)STUNDE

Irgendwann werden die Tage kurz und die Winde empfindlich kühl: Es geht auf den November zu. An trüben Sonntagnachmittagen gibt es nichts Schöneres als ein warmes Gartenhäuschen, die Gesellschaft guter Freunde und ein Stück Torte. Die letzten Gartenkräuter der Saison für eine heiße Tasse Tee sammeln wir direkt vor der Tür – die dunkle Jahreszeit kann kommen.

SCHOKOLADEN-AVOCADO-TARTE OHNE BACKEN MIT TRAUBEN UND FEIGEN

FÜR 1 SPRINGFORM
VON 20 CM Ø

FÜR DEN BODEN
- 100 g Vollkornhafer-
  flocken
- 70 g getrocknete Datteln,
  entsteint und grob gehackt
- 50 g frisch geröstete
  Mandeln, grob gehackt
- 3 EL Ahornsirup
- 3 Tropfen Bittermandelöl
- Abrieb von 1 unbehan-
  delten Zitrone
- 1 TL frisch geriebene
  Zimtstange
- 1 Prise Meersalz

**FÜR DIE SCHOKOLADEN-
CREME**
- 1 große Avocado, Fruchtfleisch (200 g) ausgelöst
- Saft von ½ Zitrone
- 1 TL gemahlene Vanille
- 150 g dunkle Kuvertüre,
  70 % Kakaogehalt

FÜR DIE GARNITUR
- einige zarte Zweige Zitronenmelisse, Blätter gezupft
- 1 TL Puderzucker
- 1 EL Pistazienkerne, gehackt
- 1 Handvoll blaue und grüne
  Weintrauben, Beeren halbiert und Kerne entfernt
- 2 Feigen, geachtelt

FÜR DEN KRÄUTERTEE
- einige Stängel Lavendel,
  Minze, Thymian und
  Salbei oder nach Angebot

Die Avocado für die reichhaltige Füllung dieser Tarte muss Raumtemperatur haben, damit die Schokoladencreme emulgiert. Der nussig-knusprige Boden kann bereits am Vortag vorbereitet werden.

Für den Tarteboden den Boden der Springform mit Backpapier auslegen und den Ring darüber spannen. Einen weiteren Streifen Backpapier passend zuschneiden und den Ring damit auskleiden.

In einer Pfanne ohne Fett die Haferflocken bei niedriger Temperatur rösten, bis sie duften. Etwas abkühlen lassen und in einen Standmixer geben. Alle anderen Zutaten hinzufügen und in etwa 1 Minute auf höchster Stufe zu einer krümeligen Masse verarbeiten. Diese in die Backform füllen und mit einem Löffelrücken fest andrücken, dabei einen etwa 2 cm hohen Rand formen. Im Kühlschrank kalt stellen.

Für die Creme das raumtemperierte Avocado-Fruchtfleisch gemeinsam mit dem Zitronensaft und der Vanille in einem Mixbecher mit dem Stabmixer sehr fein pürieren. Die Kuvertüre im Wasserbad schmelzen und etwas abkühlen lassen. Nun schrittweise die lauwarme Kuvertüre zur Avocadocreme in den Mixer geben und auf höchster Stufe unterziehen.

Den Tarteboden aus dem Kühlschrank nehmen und die Creme dekorativ wellenförmig darauf verstreichen. Für etwa 1 Stunde kalt stellen, bis die Creme fest geworden ist.

Für die Garnitur die Zitronenmelisse auf einen Teller legen und den Puderzucker darübersieben.

Die Tarte 15 Minuten vor dem Servieren aus dem Kühlschrank nehmen. Die Cremeschicht mit den Pistazienkernen bestreuen und mit den Früchten und der Zitronenmelisse garnieren.

Für den Tee die Kräuterstängel wie einen Strauß in einem kleinen Glas mit Wasser arrangieren. Heißes Teewasser vorbereiten und in eine Kanne füllen. Bei Tisch Teegläser mit dem heißen Wasser füllen, sodass jeder sich seinen eigenen Aufguss bereiten kann.

WINTER

Wenn uns eine Jahreszeit immer wieder zum Innehalten bringen kann, dann ist das der Winter mit seiner frühen Dämmerung und manchmal auch mit Schnee, der unter den Schuhen so schön knirscht. Für uns beginnt er kulinarisch so richtig, wenn es noch Maronen und schon Orangen gibt. Aber auch alle Kohl-, Wurzel- und Knollengemüse begeistern uns jetzt mit ihrer Vielfalt – je bunter, je lieber. Und da es auch während der Winterzeit häufig tolle Freilandblattsalate gibt wie Postelein oder Feldsalat, kommt bei uns auch in den kalten Monaten fast immer Grünzeug auf den Teller.

In unseren Breiten ist der Winter durchaus nicht immer mit weißer Pracht verbunden, sondern gleicht manchmal einem verlängerten Herbst, der etwas kälter und besonders verregnet geraten ist. Das hält uns aber nicht davon ab, diese Jahreszeit dennoch zu zelebrieren: mit dampfenden Eintöpfen, Honigkuchen oder heißem Datenog zum Beispiel. Und wenn es dann wirklich schneit, kann man Letzteren zum Durchwärmen auch auf einen Spaziergang mitnehmen, zusammen mit etwas (nicht zu) Süßem auf die Hand. Dass wir den Winter sehr mögen, müssen wir wahrscheinlich nicht extra betonen …

APFEL-CROSTINI AUS DER PFANNE MIT WALNUSS-KAKAONIBS-TOPPING

Wenn vom Vortag noch Brot übrig ist, ist dieses Rezept eine schöne Möglichkeit, es zum Frühstück aufzubrauchen. Am besten schmecken die kleinen Schnitten mit lagerfähigen Winteräpfeln, die mit der Zeit süß und mürbe werden. In der Pfanne zerfallen sie zwar leichter, aber ihr Aroma ist unübertroffen. Es erinnert uns an den Duft in den Apfelkellern unserer Großeltern.

Für die Apfelringe in einer kleinen Schüssel die Rosinen im Apfelsaft einweichen. Die Äpfel waschen, die Kerngehäuse ausstechen und die ungeschälten Äpfel quer in je 8 Ringe schneiden. Die Schnittflächen mit dem Zitronensaft beträufeln, damit sie sich nicht verfärben.

Für die Crostini in zwei Pfannen bei mittlerer Temperatur jeweils 10 g Kakaobutter zerlassen. Darin die Baguettescheiben von beiden Seiten je etwa 2 Minuten rösten, herausnehmen und warm halten.

In beiden Pfannen je weitere 10 g Kakaobutter zerlassen, die Apfelringe darin auf jeder Seite 2 Minuten anbraten, vorsichtig wenden. Die eingeweichten Rosinen mit der Flüssigkeit dazugeben. Gemeinsam mit den Apfelringen nochmals 2 Minuten garen.

In einer Schüssel die gehackten Nusskerne mit den Kakaonibs, dem Zucker und der Vanille vermischen. Die Crostini auf Tellern anrichten, jede Scheibe mit 2 Apfelringen belegen und mit der Walnuss-Mischung bestreuen.

FÜR 2–4 PERSONEN

FÜR DIE APFELRINGE
- 3 EL Rosinen
- 2 EL Apfelsaft
- 3 mürbe Winteräpfel, etwa Boskoop, à 175 g
- Saft von 1 kleinen Zitrone
- 20 g Kakaobutter

FÜR DIE CROSTINI
- 20 g Kakaobutter
- 12 Scheiben Vollkornbaguette vom Vortag

AUSSERDEM
- 1 Handvoll Walnusskerne, grob gehackt
- 2 TL Kakaonibs, Rohkostqualität
- 2 TL Kokosblütenzucker
- ½ TL gemahlene Vanille

PASTINAKENSUPPE MIT POSTELEIN UND LAKRITZ-HASELNÜSSEN

FÜR 4 PERSONEN
ALS VORSPEISE

FÜR DIE SUPPE
- 800 g Pastinaken
- 3 EL Sonnenblumenöl
- 3 Schalotten, grob gehackt
- 2 Knoblauchzehen, grob gehackt
- 1,25 l Gemüsebrühe, siehe Seite 294
- 1 getrockneter Shiitakepilz
- Meersalz
- 200 ml Reismilch natur
- 1 TL Quatre-épices, siehe Seite 315
- frisch gemahlener schwarzer Pfeffer

FÜR DIE LAKRITZ-HASELNÜSSE
- 50 g frisch geröstete Haselnusskerne, noch warm
- ½ TL Lakritzpulver

FÜR DIE GARNITUR
- Saft und Abrieb von 1 kleinen unbehandelten Orange
- 1 TL Crema di balsamico, siehe Seite 316
- 1 EL Walnussöl
- Meersalz
- frisch gemahlener schwarzer Pfeffer
- 2 Handvoll (etwa 70 g) Postelein

Die süßlich-würzigen Pastinaken sind eine schöne Grundlage für cremige Suppen. Kontrastreiche Akzente setzen Haselnüsse mit Lakritz und etwas Postelein mit frischen Orangenaromen.

Für die Suppe die Pastinaken putzen, je nach Dicke längs halbieren oder vierteln, dann quer in breite Scheiben schneiden. In einem Topf das Öl erhitzen. Die Schalotten und den Knoblauch darin anbraten, bis sie duften und Farbe annehmen. Mit der Brühe ablöschen und die Pastinakenstücke sowie den Shiitakepilz dazugeben. Salzen, aufkochen lassen, dann den Deckel auflegen und die Temperatur reduzieren. Die Pastinaken etwa 15 Minuten weich köcheln lassen.

Während die Pastinaken garen, für die Lakritz-Haselnüsse die Nusskerne mit dem flachen Rücken eines großen Messers andrücken, sodass sie in Hälften springen. Noch warm im Lakritzpulver wälzen, dann beiseitestellen.

Für die Garnitur in einer kleinen Schüssel alle Zutaten bis auf den Postelein mit einem Schneebesen zu einem Dressing verquirlen.

Den Shiitakepilz aus den fertig gegarten Pastinaken nehmen und entsorgen, dann die Reismilch und die Quatre-épices dazugeben. Alles mit dem Stabmixer fein pürieren, durch ein Haarsieb passieren und zurück in den Topf geben. Die Suppe sollte eine cremige, aber keine püreeartige Konsistenz haben, sonst eventuell noch etwas Brühe und Reismilch dazugeben. Nochmals erhitzen und mit Salz und Pfeffer abschmecken.

Die Suppe in tiefe Teller geben, den Postelein mit dem Dressing vermengen und gemeinsam mit den Lakritz-Haselnüssen auf der Suppe anrichten.

APÉRO

Diesen kleinen Schweizer Appetitanreger vor dem Essen haben wir zum ersten Mal auf unseren Reisen ins Wallis kennengelernt. Mit unseren Gästen haben wir schon ganze Abende ausschließlich beim dann etwas ausgedehnteren Apéro verbracht (und manchmal bringen unsere Freunde als speziellen Gast auch den Appenzeller Sennenhund Ben mit). Solche Gelegenheiten sind wie dafür gemacht, dass alle ihre Lieblingshappen beisteuern – und diese Pâté aus leicht nussig schmeckenden Belugalinsen ist immer ganz schnell weg.

BELUGALINSEN-PÂTÉ, MARONEN UND BUNTE-BETE-CHIPS

FÜR 4 PERSONEN ALS
APPETITHÄPPCHEN

FÜR DIE PÂTÉ
- 100 g Belugalinsen
- Meersalz
- 1 EL Olivenöl
- 3 Schalotten, in feine
  Ringe geschnitten
- 2 Knoblauchzehen,
  fein gehackt
- 2 EL Walnussöl
- 1 TL Quatre-épices,
  siehe Seite 315
- 1 TL getrockneter Majoran
- frisch gemahlener
  schwarzer Pfeffer

FÜR DIE BUNTE-BETE-CHIPS
- je 2 (à etwa 160 g) Rote,
  Gelbe und Ringelbete
- 3 EL Sonnenblumenöl
- Meersalz
- frisch gemahlener Tas-
  manischer Bergpfeffer,
  alternativ schwarzer
  Pfeffer

FÜR DAS RÖSTBROT
- ½ Vollkornbaguette vom
  Vortag, in 1,5 cm dicke
  Scheiben geschnitten
- 3–4 EL Olivenöl
- 2 Knoblauchzehen,
  halbiert

AUSSERDEM
- 500 g frische Maronen
  in der Schale
- je 1 EL grüne und rote
  Rettichsprossen, gut
  abgespült und abgetropft
- einige Baby Leafs, etwa
  Mangold- oder Beteblätter

*Zu dieser Pâté passen im Ofen geröstete Maronen und Chips
aus Bunter Bete sehr gut. Die Knollen sind im Winter nicht
mehr mit Grün zu bekommen, dann ergeben Sprossen von der
Fensterbank und Baby Leafs aus dem Bioladen eine hübsche
Alternative. Chips und Pâté können am Vortag vorbereitet
werden, der Rest ist dann schnell gemacht.*

Für die Pâté in einem Sieb die Belugalinsen waschen und abtropfen lassen. In einem Topf die Linsen in 250 ml Wasser aufkochen. Bei reduzierter Temperatur und geschlossenem Deckel 25 Minuten köcheln, bis die Linsen das gesamte Wasser aufgesogen haben und weich gegart sind. Gegebenenfalls zum Ende hin noch Wasser angießen. Die Linsen erst abschließend salzen.

In einer Pfanne das Olivenöl erhitzen. Darin die Schalotten und den Knoblauch anbraten, bis sie duften und Farbe annehmen. In einem Mixbecher gemeinsam mit den restlichen Zutaten für die Pâté und 2 EL Wasser mittelfein pürieren. Mit Salz und Pfeffer abschmecken und beiseitestellen.

Für die Bunte-Bete-Chips den Backofen auf 150 °C vorheizen. Alle Beten mit einem Sparschäler dünn schälen. Dabei Einmalhandschuhe tragen, da der Knollensaft abfärbt. Mit einem Gemüsehobel die Beten in 1 mm dünne Scheiben hobeln, diese von beiden Seiten mit dem Sonnenblumenöl bepinseln. Drei Grillroste mit Backpapier belegen, die Scheiben dicht nebeneinander darauflegen. Die Chips im Ofen in etwa 25–30 Minuten kross backen, die Roste dabei einmal durchtauschen. Die Chips alle 5 Minuten wenden, gegen Ende der Backzeit alle 2 Minuten. Aus dem Ofen nehmen, kurz abkühlen lassen. Die Chips in einer großen Schüssel noch warm salzen und pfeffern, dann beiseitestellen.

Für das Röstbrot die Ofentemperatur auf 180 °C erhöhen. Die Baguettescheiben jeweils obenauf mit dem Olivenöl bepinseln. Auf einem mit Backpapier ausgelegten Backblech in etwa 8 Minuten kross backen. Warm halten, den Ofen anlassen.

Während das Röstbrot im Ofen ist, die Maronen waschen und an der Spitze mit einem scharfen Messer über Kreuz einritzen. Die noch feuchten Maronen auf einem mit Backpapier ausgelegten Backblech verteilen. Eine ofenfeste Schüssel etwa 3 cm hoch mit Wasser gefüllt unten in den Ofen stellen. Die Maronen etwa 20–25 Minuten ebenfalls bei 180 °C backen, bis die Schale an den Spitzen aufplatzt. Dann herausnehmen, die Maronen kurz abkühlen lassen und mit einem spitzen Messer jeweils die Schale sowie das Innenhäutchen entfernen. Alternativ können sich die Gäste die Maronen am Tisch selbst schälen. So bleiben sie auch länger warm.

Die noch warmen Brotscheiben mit den Knoblauchhälften jeweils auf der Oberseite einreiben, mit der Pâté großzügig bestreichen und mit den Sprossen und Blättern garnieren. Gemeinsam mit den Chips und den Maronen servieren. Nach Geschmack Käse, Nüsse und andere Appetitmacher als vegetarische und vegane Alternativen dazu reichen.

ROTKOHLSALAT MIT KARAMELLI-SIERTEN PETERSILIENWURZELN

Am Vortag für den Rotkohlsalat den halben Kohlkopf putzen und in dünne Streifen hobeln, diese in eine Schüssel geben. Die Rotkohlstreifen mit je 1 TL Essig und Salz von Hand vermengen, dabei Einmalhandschuhe tragen, damit die Hände nicht verfärben. Die Kohlstreifen einige Minuten mit den Fingern massieren, sodass etwas Saft austritt. Die Schüssel mit einem Teller oder Deckel abdecken und den Kohl über Nacht im Kühlschrank durchziehen lassen.

Am folgenden Tag für die Petersilienwurzeln einen mittelgroßen Topf so hoch mit Wasser füllen, dass das Gemüse im nächsten Schritt damit bedeckt ist. Das Wasser leicht salzen und den Zitronensaft dazugeben. Die Wurzeln waschen, putzen, mit einem Sparschäler dünn schälen und längs vierteln. Die Stücke jeweils sofort in den Topf mit dem Zitronenwasser legen, damit sie sich nicht verfärben. Das Wasser zum Kochen bringen, dann die Temperatur reduzieren und die Petersilienwurzeln bei geschlossenem Deckel etwa 10 Minuten bissfest garen. Das Gemüse über einem Sieb abgießen und gut abtropfen lassen. Das Kochwasser dabei auffangen und etwa für eine Gemüsebrühe (siehe Seite 294) verwenden.

Während die Petersilienwurzeln garen, für den Rotkohlsalat in einer Schüssel den restlichen Essig (2 TL), das Öl, den Mandarinensaft und die Gewürze mit einem kleinen Schneebesen zu einem Dressing verquirlen. Die getrockneten Aprikosen hineingeben und beiseitestellen. Den marinierten Rotkohl aus dem Kühlschrank nehmen und in einer Servierschüssel mit dem Dressing, der gerösteten Sesamsaat und der Winterkresse vermischen. Mit Salz und Pfeffer abschmecken.

In einer unbeschichteten Pfanne den Zucker bei geringer Temperatur karamellisieren lassen. Erst den Ingwer hinzufügen, dann die gedünsteten Petersilienwurzeln in den flüssigen Zucker geben. Gemeinsam etwa 3 Minuten karamellisieren lassen, dabei einmal wenden. Den Pfeffer frisch darübermahlen, dann alles direkt aus der Pfanne zum Rotkohlsalat servieren und das Za'atar separat dazu reichen. Als Abendessen mit Fladenbrot servieren.

FÜR 4 PERSONEN ALS VORSPEISE | FÜR 2 ALS LEICHTES ABENDESSEN

FÜR DEN ROTKOHLSALAT
- ½ Kopf Rotkohl à etwa 400 g, Strunk entfernt
- 3 TL Granatapfelessig
- 1 TL Meersalz
- 3 EL Distelöl
- Saft von ½ Mandarine
- ½ TL gemahlene Vanille
- ½ TL Cayennepfeffer
- frisch gemahlener weißer Pfeffer
- 8 getrocknete Aprikosen, quer halbiert
- 2 EL frisch geröstete Sesamsaat
- 20 g Winterkresse

FÜR DIE PETERSILIEN-WURZELN
- Meersalz
- Saft von 1 Zitrone
- 4 große Petersilienwurzeln
- 3 EL Rohrohrzucker
- 1 daumendickes Stück frischer Ingwer, geschält und fein gerieben
- frisch gemahlener schwarzer Pfeffer

AUSSERDEM
- 2 TL Za'atar, siehe Seite 315

WINTER | GARTEN | GEMÜSE

Es ist erstaunlich, was der Garten im Winter je nach Witterung noch alles zum Wachsen bringt: Neben robusten Salaten wie Postelein oder Feldsalat findet sich zum Beispiel das eine oder andere Knollengemüse und natürlich Kohl. Zwischen der Ernte der letzten Steckrübe und des ersten Grünkohls liegen manchmal nur wenige Tage – und der erste Schnee. Beide Gemüse verleihen deftigen Wintereintöpfen im Zusammenspiel ein besonderes Aroma.

KICHERERBSEN-EINTOPF MIT GRÜNKOHL UND GEGRILLTEM STECKRÜBENSPIESS

Dieser von der spanischen Küche inspirierte Eintopf kombiniert Kichererbsen, nicht zu wenig Knoblauch und geräuchertes Paprikapulver. Dazu kommen verschiedene Toppings zum individuellen Kombinieren wie Datteln mit Zitronenabrieb. Die waren ein spontaner Einfall – so simpel und so aromatisch.

FÜR 4 PERSONEN

FÜR DEN EINTOPF
- 375 g getrocknete Kichererbsen, über Nacht eingeweicht
- 200 g Grünkohl
- Meersalz
- 500 g (Stein-)Champignons, geputzt
- 3 EL Olivenöl
- 1 Zwiebel, fein gewürfelt
- 4 Knoblauchzehen, fein gehackt
- 1 frische rote Chilischote, halbiert, entkernt und fein gehackt
- frisch gemahlener schwarzer Pfeffer
- geräuchertes Paprikapulver
- ½ l Gemüsebrühe, siehe Seite 294

FÜR DIE STECKRÜBENSPIESSE
- 1 Steckrübe à 1 kg mit Grün; alternativ statt Grün 3 Zweige glatte Petersilie
- 2 Knoblauchzehen, durchgepresst
- 25 ml Sonnenblumenöl plus Öl zum Braten
- ½ TL Meersalz
- frisch gemahlener schwarzer Pfeffer
- 1 TL geräuchertes Paprikapulver
- 2 EL frisch geröstete Sesamsaat

- 4 lange Holz- oder Metallspieße

Für den Eintopf die eingeweichten Kichererbsen über einem Sieb abgießen und spülen. In einem Topf mit frischem kaltem Wasser bedecken und aufkochen, dann die Temperatur reduzieren. Bei schräg aufgelegtem Deckel in etwa 1 Stunde gar köcheln. Die Kichererbsen über einem Sieb abgießen und beiseitestellen.

Für die Steckrübenspieße das Grün von der Rübe abschneiden, verlesen und ein paar kleine Blätter beiseitelegen. Die restlichen Blätter etwa als Würzkraut für Salate verwenden. Die Steckrübe putzen und in 24 Würfel von etwa 2,5 cm Kantenlänge schneiden. In einem Topf die Würfel mit Wasser bedeckt aufkochen, dann die Steckrübenwürfel 2 Minuten köcheln lassen. Über einem Sieb abgießen, dabei das Kochwasser auffangen und 300 ml davon zurückbehalten. Die Würfel abtropfen lassen und mit Küchenpapier trocken tupfen. In einer kleinen Schüssel alle weiteren Zutaten außer der Sesamsaat verrühren. Die Steckrübenwürfel von allen Seiten mit der Marinade bepinseln und auf je 1 Spieß 6 Würfel stecken. Auf einem Teller abgedeckt im Kühlschrank mindestens 1 Stunde ziehen lassen.

Für die Toppings die Dattelringe in einer kleinen Schüssel mit dem Zitronenabrieb mischen. Alle Toppings getrennt in kleine Servierschüsseln geben.

Während die Steckrübenwürfel ziehen, für den Eintopf vom Grünkohl festere Blätter in kochendem und leicht gesalzenem Wasser etwa 30 Sekunden blanchieren, eiskalt abschrecken und gut abtropfen lassen, beiseitestellen. Zarte Blätter nicht blanchieren. Die Champignons mit einem feuchten Tuch abreiben und je nach Größe vierteln oder halbieren. In einem Suppentopf das Öl bei mittlerer Temperatur erhitzen. Darin die Zwiebeln, den Knoblauch und die Chilischote anbraten. Die Pilze mitbraten und mit Salz, Pfeffer und dem Paprikapulver kräftig abschmecken. Mit der Brühe und dem aufgefangenen Steckrübenwasser ablöschen, die gegarten Kichererbsen dazugeben. Alles ohne Aufkochen gut erhitzen, dann die Temperatur auf die niedrigste Stufe reduzieren. Die Steckrübenblätter abbrausen und in feine Streifen schneiden, den Grünkohl in mundgerechte Stücke reißen. Beides in den Eintopf geben und bei geschlossenem Deckel kurz darin gar ziehen lassen. Dann den Topf vom Herd nehmen. Parallel zur Zubereitung des Eintopfs eine mit Öl ausgestrichene Grillpfanne erhitzen. Die Steckrübenspieße darin von allen Seiten leicht bräunen, dabei zwischendurch mit Marinade bepinseln. Die Sesamsaat auf einen großen flachen Teller streuen und die Steckrübenspieße darin wenden.

Den Eintopf nochmals abschmecken und in Suppenschalen füllen. Diese auf flachen Tellern und mit je 1 Steckrübenspieß anrichten. Alle Toppings als vegane und vegetarische Alternativen separat dazu servieren.

FÜR DIE TOPPINGS
· 50 g getrocknete Datteln, entsteint und in feine Ringe geschnitten
· Abrieb von ½ unbehandelten Zitrone
· 60 g Mungbohnensprossen, gut abgespült und abgetropft
· 100 g Feta, mit der Gabel zerdrückt
· 1 Töpfchen Gartenkresse
· 4 EL Röstzwiebeln, siehe Seite 295

EMMER UND BUCHWEIZEN

*Auch beim Getreide mögen wir nussige Aromen.
Aus dem Mehl der alten und robusten Kulturweizenart
Emmer kann man zum Beispiel eine herrliche Pasta
herstellen.*

*Auch das vielseitige Pseudogetreide Buchweizen schätzen wir sehr, nicht nur als Mehl für Pfannkuchen und
Galettes, sondern auch die ganzen Körner. Röstet man
sie vor der Weiterverarbeitung in der trockenen Pfanne
an, verleihen sie allem daraus Zubereiteten ein tolles
Aroma. Mit ihrer bissfesten Konsistenz sind sie zudem
die ideale Grundlage für eine Sauce, die ähnlich wie
ein Ragù alla bolognese zubereitet wird.*

EMMER-TAGLIATELLE MIT SCHWARZKOHL UND BUCHWEIZEN-SHIITAKE-RAGÙ

FÜR 2 PERSONEN
ALS ABENDESSEN | FÜR 4
ALS PRIMI PIATTI

FÜR DIE TAGLIATELLE
- 1 Portion Pastateig,
  siehe Seite 306
- 200 g Schwarzkohl,
  geputzt
- Meersalz

FÜR DAS RAGÙ
- 4 EL Olivenöl
- 2 Schalotten,
  fein gewürfelt
- 4 Knoblauchzehen,
  fein gewürfelt
- 50 g Karotte, geputzt
  und fein gewürfelt
- 50 g Knollensellerie,
  geputzt und fein gewürfelt
- 75 ml Portwein
- 700 g Passata
- 1 TL Fenchelsamen
- ½ TL frisch geriebene
  Zimtstange
- 2 getrocknete Lorbeer-
  blätter
- Meersalz
- frisch gemahlener
  schwarzer Pfeffer
- 75 g Buchweizenkörner
- 200 g Shiitakepilze,
  geputzt

AUSSERDEM
- etwas grüne und rote
  Rettichkresse

Die Tagliatelle wie auf Seite 306 beschrieben vorbereiten. Während sie trocknen, die Schwarzkohlblätter etwa 30 Sekunden blanchieren, abschrecken und abtropfen lassen. Die Mittelrippen der Blätter heraus-schneiden und fein würfeln. Die Blätter längs in schmale Streifen schneiden. Rippen und Blätter getrennt beiseitestellen.

Für das Ragù in einer Pfanne bei mittlerer Temperatur in 2 EL des Olivenöls erst die Schalotten und den Knoblauch anbraten. Dann die Gemüse- und Schwarzkohlwürfel mit anbraten. Mit dem Portwein ablöschen, die Passata und die Gewürze dazugeben, kräftig salzen und pfeffern. Alles gut verrühren, einmal aufkochen lassen. Bei reduzierter Temperatur und geschlossenem Deckel etwa 45 Minuten sanft köcheln, dabei gelegent-lich umrühren. Anschließend warm halten.

Während die Sauce gart, in einer Pfanne ohne Fett die Buchweizenkörner bei mittlerer Temperatur anrösten, bis sie duften und sich rotbraun verfärben. In eine Schüssel geben, leicht salzen, mit 100 ml kochendem Wasser übergießen und abgedeckt beiseitestellen.

Die Shiitakepilze fein würfeln und in einer Pfanne mit dem restlichen Olivenöl (2 EL) unter Rühren etwa 3 Minuten anbraten. Die Lorbeerblät-ter aus der Tomatensauce nehmen und entsorgen. Die Pilze und den gequollenen Buchweizen in die Sauce geben. Alles weitere 10 Minuten köcheln lassen, bis der Buchweizen gar ist. Er saugt dabei etwas Flüssig-keit auf, daher je nach gewünschter Konsistenz gegebenenfalls noch etwas Wasser zum Ragù geben. Mit Salz und Pfeffer abschmecken.

In einem großen Topf mit kochendem Salzwasser die vorbereiteten Taglia-telle etwa 3 Minuten garen. Kurz vor dem Ende der Garzeit die Schwarz-kohlstreifen dazugeben. Alles gemeinsam abgießen, noch leicht feucht mit dem Ragù mischen und auf tiefen Tellern mit etwas Kresse dekoriert servieren.

CHERMOULA-SCHWARZWURZELN AUF FELDSALAT MIT KARAMELLISIERTEN FEIGEN

Die kräftigen Aromen der nordafrikanischen Würzsauce Chermoula passen gut zum nussig-erdigen Geschmack von Schwarzwurzeln. Häufig wird diese Würzpaste mit eingelegten Salzzitronen hergestellt. Uns schmeckt aber frischer Zitronenabrieb stattdessen besser.

FÜR 4 PERSONEN ALS VORSPEISE | FÜR 2 ALS ABENDESSEN

FÜR DIE CHERMOULA
- ½ Bund frischer Koriander mit Wurzeln, aus dem Asialaden
- 3 Knoblauchzehen
- 1 getrocknete Chilischote, gemörsert
- Abrieb von 2 unbehandelten Zitronen
- 2 TL gemahlener Kreuzkümmel
- 1 EL edelsüßes Paprikapulver
- ½ TL frisch geriebene Zimtstange
- 75 ml Olivenöl
- 1 TL Meersalz
- 1 TL frisch gemahlener schwarzer Pfeffer

FÜR DIE SCHWARZWURZELN
- 1 EL Mehl, für eine glutenfreie Variante weglassen
- 2 EL Zitronensaft
- 1 kg Schwarzwurzeln
- 1 EL Sonnenblumenöl

FÜR DEN SALAT
- 200 g Feldsalat
- 3 Zweige frische Minze, Blätter gezupft und grob gehackt
- 2 Frühlingszwiebeln, in feine Ringe geschnitten

FÜR DAS DRESSING
- 3 EL Olivenöl
- 1 EL Orangensaft

Für die Chermoula das Koriandergrün von den Wurzeln schneiden, die Blätter und Stiele abbrausen und trocken schütteln. Die Wurzeln bürsten und waschen, grob hacken. Mit einem Stabmixer alles gemeinsam mit den restlichen Zutaten zu einer nicht zu feinen Paste pürieren.

Für die Schwarzwurzeln einen ausreichend großen Topf so hoch mit Wasser füllen, dass das Gemüse im nächsten Schritt damit gut bedeckt ist. Im Wasser das Mehl und den Zitronensaft verrühren. Die Schwarzwurzeln kräftig bürsten und waschen, dann mit einem Sparschäler am besten unter fließendem Wasser schälen. Dabei Einmalhandschuhe tragen, da die Wurzeln beim Schälen einen klebrigen Saft absondern. Die Enden kappen und die Stangen sofort in das vorbereitete Wasser legen, damit sie sich nicht verfärben. Einmal aufkochen, die Temperatur reduzieren und die Wurzeln je nach Dicke 5–10 Minuten köcheln, sodass das Gemüse noch deutlich Biss hat. In ein Sieb abgießen und gut abtropfen lassen.

Den Backofen auf 180 °C vorheizen und eine ofenfeste Form mit dem Öl ausstreichen. Die Schwarzwurzeln mit der Chermoula bepinseln und hineinlegen, dabei 2 TL von der Paste zurückbehalten. Die Wurzeln im Ofen etwa 25–30 Minuten backen. Zwischendurch mit der restlichen Chermoula betupfen und gegebenenfalls während der letzten 10 Minuten mit einem Deckel oder Alufolie abdecken.

Den Feldsalat mit den Minzeblättern und den Frühlingszwiebeln vermischen. Für das Salatdressing in einer kleinen Schüssel alle Zutaten mit einem kleinen Schneebesen verquirlen.

Für die karamellisierten Feigen die Fenchelsamen grob mörsern. In einer unbeschichteten Pfanne den Zucker bei niedriger Temperatur karamellisieren lassen. Erst die Fenchelsamen hinzufügen, dann die Feigen mit der Schnittfläche nach unten in den flüssigen Zucker setzen. Etwa 2 Minuten karamellisieren lassen. Getrocknete Feigen nur kurz im flüssigen Karamell schwenken.

Die Pistazienkerne noch warm mit etwas Meersalz vermischen. Pistazien und Käse getrennt in kleine Servierschüsseln geben.

Den Salat auf einer Platte anrichten und mit dem Dressing beträufeln. Die fertig gegarten Schwarzwurzeln und die karamellisierten Feigen darauf arrangieren. Den Pfeffer frisch darübermahlen und die Pistazienkerne sowie den Käse als vegane und vegetarische Alternativen separat dazu reichen.

- 1 EL Essig
- 1 TL Granatapfelsirup, alternativ ein anderer Sirup nach Wahl
- Meersalz
- frisch gemahlener schwarzer Pfeffer

FÜR DIE KARAMELLISIERTEN FEIGEN
- 1 TL Fenchelsamen
- 4 EL Rohrohrzucker
- 8 kleine Feigen, halbiert, alternativ getrocknete Feigen in Wasser eingeweicht und abgetropft

AUSSERDEM
- 50 g frisch geröstete Pistazienkerne, noch warm
- Meersalz
- 100 g fester Ziegenfrischkäse, grob mit der Gabel zerkrümelt
- frisch gemahlener schwarzer Pfeffer

WINTERPIZZA MIT RÖST-SELLERIE-HUMMUS UND BELUGALINSEN-VINAIGRETTE

ERGIBT 6 KLEINE PIZZEN
(À ETWA 11 CM Ø)

FÜR DEN TEIG
- 1 Portion Pizzateig,
  siehe Seite 308

FÜR DIE BELUGALINSEN-VINAIGRETTE
- 35 g Belugalinsen
- 3 EL Kürbiskernöl
- 1 EL Crema di balsamico,
  siehe Seite 316
- Meersalz
- frisch gemahlener
  schwarzer Pfeffer

FÜR DEN RÖSTSELLERIE-HUMMUS
- 1 kleine Knolle Sellerie mit
  Grün à etwa 450 g; alternativ statt Grün 3 Zweige
  glatte Petersilie
- 2 EL Olivenöl
- Meersalz
- frisch gemahlener
  schwarzer Pfeffer
- 1 Knoblauchzehe, halbiert
- Saft von ½ Zitrone
- Saft von ½ Orange
- 2 EL Kürbiskernmus natur,
  aus dem Bioladen

FÜR DEN PIZZABELAG
- 2 kleine Chicorée
  à etwa 75 g
- Saft von ½ Zitrone
- 1 kleine rote Zwiebel
- 125 g (Stein-)Champignons,
  geputzt und in dünne
  Scheiben geschnitten

Den Pizzateig wie auf Seite 308 beschrieben vorbereiten.

Während der Teig geht, für die Belugalinsen-Vinaigrette in einem Sieb die Linsen waschen und abtropfen lassen. In einem kleinen Topf die Linsen in etwa 80 ml Wasser aufkochen. Dann bei reduzierter Temperatur und geschlossenem Deckel etwa 20 Minuten bissfest köcheln. Zum Abkühlen beiseitestellen.

Für den Röstsellerie-Hummus den Backofen auf 180 °C vorheizen und ein Backblech mit Backpapier auslegen. Blätter und Stiele von der Sellerieknolle trennen. Die Blätter verlesen und einige beiseitelegen. Die restlichen Blätter und Stiele etwa für ein Sugo verwenden. Die Knolle putzen und quer in etwa 2 cm dicke Scheiben schneiden, diese auf beiden Seiten mit 1 EL des Olivenöls bepinseln. Die Scheiben auf das Backblech legen, salzen und pfeffern. Im Ofen etwa 30 Minuten weich garen. Dabei nach 15 Minuten wenden, wiederum salzen und pfeffern. Anschließend aus dem Ofen nehmen, etwas abkühlen lassen, dann grob würfeln. Den Sellerie mit dem Stabmixer fein pürieren und durch ein Sieb streichen. Den Knoblauch, die Säfte, das Kürbiskernmus, das restliche Olivenöl (1 EL) sowie 1 EL eiskaltes Wasser dazugeben. Nochmals fein pürieren. Wenn die Masse zu fest wird, noch etwas Wasser einrühren. Mit Salz und Pfeffer abschmecken.

Die Ofentemperatur auf 190 °C erhöhen. Einen Pizzastein oder ein Backblech darin erhitzen. Den fertig aufgegangenen Pizzateig wie auf Seite 308 beschrieben zu Teiglingen verarbeiten. Während die Teiglinge ruhen, für den Belag die Chicorée putzen, längs vierteln und den Strunk so herausschneiden, dass die Blätter noch zusammenhängen. Die Schnittflächen mit dem Zitronensaft bepinseln. Die Zwiebel ungeschält längs halbieren, dann häuten und in schmale Spalten schneiden, die an den Enden noch zusammenhängen. Alle Gemüse dünn mit Öl bepinseln.

Die Teiglinge nach dem Ruhen mit dem Hummus bestreichen, mit den Zwiebeln, dem Chicorée und den Pilzen belegen. Alles mit etwas Olivenöl beträufeln. Die Pizzen mit einer Palette oder einem Pizzaschieber auf den heißen Pizzastein oder das Backblech setzen und etwa 12–14 Minuten im Ofen backen. Zwischendurch Chicorée und Hummus gleichmäßig mit etwas Öl beträufeln, damit sie nicht verbrennen und antrocknen.

In einer Servierschüssel alle Zutaten für die Belugalinsen-Vinaigrette verquirlen, die Linsen dazugeben. Die beiseitegelegten Sellerieblätter abbrausen, trocken schütteln und in Streifen schneiden. Die Pizzen aus dem Ofen nehmen, großzügig mit der Vinaigrette beträufeln und mit den Kürbiskernen sowie den Sellerieblättern bestreut servieren.

· 1 EL Olivenöl plus Öl zum Beträufeln

AUSSERDEM
· 25 g frisch geröstete Kürbiskerne, gehackt

STREET FOOD

In vielen Städten findet man sie: Food Trucks und Märkte mit internationalen Snacks, die auf die Hand serviert werden. Die Wiege des Street Food liegt unter anderem in Südostasien: Für zahlreiche Menschen gehört es dort zum Alltag, teils im Freien, teils überdacht in Garküchen, auf Nachtmärkten oder in sogenannten Hawker Centers zu essen. Populär sind nicht zuletzt Teigtaschen aller Art, von indischen frittierten Samosas bis zu den ursprünglich aus der kantonesischen Teehauskultur stammenden gedämpften Dim Sum.

Mitten im hiesigen Winter hatten wir das Glück, auf einer Singapur-Reise vielfältigstes Street Food in einer seiner Ursprungsregionen kosten zu dürfen. Wieder zu Hause im kalten Februar angekommen, fragten wir uns, ob herbem Wirsing asiatisches Crossover-Flair steht. Wir finden: Das passt. Zumal, wenn der würzige Kohl zur Hülle statt zur Füllung wird.

WIRSINGTÄSCHCHEN INSIDE-OUT MIT HOISIN-TEMPEH UND DIPS

ERGIBT 12 TÄSCHCHEN

Dieses Rezept ist etwas zeitaufwändiger, aber Dips, Erdnüsse und Wirsingblätter können am Vortag vorbereitet werden.

FÜR DEN TEMPEH

- 200 g Tempeh, aus dem Bioladen
- 2 EL Hoisinsauce, siehe Seite 316
- 3 EL Erdnussöl

FÜR DAS SAMBAL OELEK

- 6 große frische rote Chilischoten, milde Sorte; halbiert, entkernt und fein gehackt
- 2 frische rote Chilischoten, halbiert, entkernt und fein gehackt
- 3 TL Reisessig
- 1 TL Meersalz

FÜR DIE WIRSINGTÄSCHCHEN

- 1 mittelgroßer Kopf Wirsing à etwa 1,2 kg
- ½ Bund chinesischer Schnittlauch, aus dem Asialaden, alternativ normaler Schnittlauch
- Meersalz
- 125 g Reisbandnudeln
- ½ Bund frischer Koriander mit Wurzeln, aus dem Asialaden
- 3 EL Erdnussöl plus etwas mehr zum Ausstreichen
- 2 Stängel Zitronengras, äußere Blätter entfernt und das Innere fein gehackt
- 3 frische rote Chilischoten, halbiert, entkernt und fein gehackt

Den Tempeh in 5 mm dicke Scheiben schneiden. In einer kleinen Schüssel die Hoisinsauce mit 1 EL Erdnussöl verquirlen, die Tempehscheiben damit bestreichen und abgedeckt mindestens 1 Stunde im Kühlschrank ziehen lassen. Während der Tempeh mariniert, für das Sambal Oelek alle Chilischoten mit den restlichen Zutaten fein mörsern.

Vom Wirsing sehr große äußere Blätter entfernen. Dann vorsichtig 12 einzelne Blätter vom Kohlkopf lösen, deren Strunk jeweils zurück- und die mittlere Rippe flach schneiden, sodass sie nicht mehr hervorsteht. Restlichen Wirsing etwa für Eintöpfe verwenden. Die Wirsingblätter nacheinander etwa 2–3 Minuten blanchieren, und abschrecken. Die Blätter zum Abtropfen mit der Wölbung nach unten auf ein umgedrehtes Sieb schichten, dabei zwischen 2 Blätter je 1 Küchenpapier legen. Den chinesischen Schnittlauch 5 Sekunden blanchieren, abschrecken und auf Küchenpapier abtropfen lassen.

Für die Füllung die Reisbandnudeln in einer flachen Schale mit warmem Wasser bedeckt 30 Minuten einweichen. Das Koriandergrün von den Wurzeln schneiden, die Blätter und Stiele abbrausen und trocken schütteln. Die Wurzeln bürsten und waschen, beides getrennt fein hacken.

In einer Pfanne bei mittlerer Temperatur das Erdnussöl erhitzen. Darin die Korianderwurzeln, das Zitronengras, die Chilischoten, den Ingwer und den Knoblauch anbraten, bis sie duften. Die Frühlingszwiebeln kurz mitbraten. Die Pfanne vom Herd nehmen und das Koriandergrün, die Mango, den Limettenabrieb und -saft sowie das Sesamöl dazugeben. Die Mischung kräftig mit Salz und Pfeffer abschmecken. Die eingeweichten Reisbandnudeln abgießen und in einem Topf mit leicht gesalzenem kochendem Wasser etwa 1 Minuten garen. Wiederum abgießen und die Reisbandnudeln mit dem restlichen Pfanneninhalt gut vermischen.

In eine kleine Schale jeweils 1 Wirsingblatt legen und etwas Füllung darauf geben. Die Ränder wie ein Säckchen zusammennehmen, mit einem Schnittlauchhalm doppelt umwickeln und die Enden vorsichtig verknoten. Die Böden der Bambusdämpfer mit etwas Erdnussöl ausstreichen, alternativ einen Topf mit Dämpfeinsatz verwenden. Jeweils 3 Täschchen in einen Dämpfer setzen und die Deckel auflegen. Einen großen Kochtopf so hoch mit Wasser füllen, dass der Boden der Dämpfer die Wasseroberfläche nicht berührt. Wasser aufkochen, die Temperatur reduzieren, die Bambusdämpfer in den Topf setzen und den Topfdeckel auflegen. Die Täschchen etwa 10–15 Minuten dämpfen, bis auch die Rippen der Wirsingblätter gar sind. In einer Pfanne das restliche Erdnussöl (2 EL) stark erhitzen, die Tempehscheiben von beiden Seiten kross darin anbraten und in eine Schale geben.

Die Täschchen in den Dämpfern zusammen mit dem Tempeh, den Dips und den Erdnüssen servieren.

- 35 g frischer Ingwer, geschält und fein gehackt
- 6 Knoblauchzehen, fein gehackt
- 3 Frühlingszwiebeln, in feine Scheiben geschnitten
- 1 Mango à etwa 300 g, geschält und fein gewürfelt
- Saft und Abrieb von 1 unbehandelten Limette
- 1 TL Sesamöl
- frisch gemahlener schwarzer Pfeffer

- 4 Bambusdämpfer à 12 cm Ø

AUSSERDEM
- 200 g Aprikosenchutney, siehe Seite 117, alternativ Mangochutney
- 200 g Hoisinsauce, siehe Seite 316
- 100 g frisch geröstete ungesalzene Erdnüsse, gehackt

DINKELHONIGKUCHEN MIT DUNKLER SCHOKOLADE

ERGIBT 1 BACKBLECH

FÜR DEN TEIG

- 125 g Rosinen
- 2 EL Nussbrand, alternativ für Kinder 2 EL Orangensaft
- 350 g Dinkelmehl, Type 1050
- 15 g Weinstein-Backpulver
- 3 EL Kakaopulver
- 2 TL gemahlene Vanille
- 2–3 TL frisch geriebene Zimtstange
- 1 TL gemahlener Kardamom
- ½ TL gemahlene Gewürznelke
- 100 g frisch geröstete Mandeln
- 100 g frisch geröstete Haselnusskerne
- 75 g dunkle Kuvertüre, 60 % Kakaogehalt
- 375 g Waldhonig
- 125 g Rohrohrzucker
- 150 ml Mandelmilch natur
- 120 ml Sonnenblumenöl
- 2 EL Leinsamen, fein geschrotet
- 3 EL Mandelmus natur
- Abrieb von je 1 unbehandelten Zitrone und Orange
- 4 Tropfen Bittermandelöl

- 1 Backblech à 35 × 35 cm

FÜR DEN SCHOKOLADENGUSS

- 400 g dunkle Kuvertüre, 60 % Kakaogehalt
- 3 EL Kakaonibs, Rohkostqualität

Zu unseren beliebtesten Blog-Posts gehört ein Honigkuchen, abgewandelt nach dem Rezept einer alten Dame aus dem Freundeskreis von Claudias Familie. Sie wurde über 100 Jahre alt und freute sich stets sehr, wenn ihr Rezept weitergetragen wurde. Diese Variante ist wegen des Honigs nicht vegan, aber milch- und eifrei.

Für den Teig die Rosinen im Nussbrand einweichen. In einer Schüssel das Mehl mit dem Backpulver, dem Kakaopulver und den Gewürzen vermischen. Die Mandeln mit einem Messer grob hacken und die Nusskerne im Blitzhacker mittelfein mahlen. Beides getrennt beiseitestellen.

Die Kuvertüre mit einem Messer grob hacken. In einem Topf mit dem Honig, dem Zucker, 25 ml der Mandelmilch und dem Öl unter gelegentlichem Rühren erwärmen, bis die Kuvertüre geschmolzen und die Masse homogen ist. Dann kurz lauwarm abkühlen lassen.

In einer kleinen Schüssel die Leinsamen in 6 EL warmem Wasser etwa 10 Minuten quellen lassen, dann mit dem Mandelmus verrühren. Die Rosinen abgießen, die Flüssigkeit dabei auffangen.

In einer Rührschüssel die Honigmasse, die Leinsamenmischung, den aufgefangenen Nussbrand der Rosinen, Orangen- und Zitronenabrieb sowie das Bittermandelöl gut miteinander verrühren. Abschließend die gemahlenen Nusskerne unterziehen.

Den Backofen auf 180 °C vorheizen und das Backblech mit Backpapier auslegen. Ist das Backblech zu einer Seite abgeflacht, an dieser Seite des Blechs das Backpapier zweimal falzen, sodass auch hier ein Rand entsteht und der Teig nicht auslaufen kann.

Jeweils ein Viertel der Mehlmischung über die Honigmasse sieben und mit einem Holzlöffel jeweils im Wechsel mit der restlichen Mandelmilch (125 ml) zügig unterrühren. Die Rosinen und die Mandeln unterheben. Den Teig gleichmäßig auf dem Blech verteilen, mit einer Palette glatt streichen. Den Kuchen im heißen Ofen 15–20 Minuten backen. Zur Garprobe ein Holzstäbchen mittig einstecken: Es sollte kein Teig mehr daran kleben bleiben. Aus dem Ofen nehmen und lauwarm abkühlen lassen.

Während der Kuchen abkühlt, für den Schokoladenguss die Kuvertüre fein hacken und wie auf Seite 325 beschrieben portionsweise schmelzen und temperieren, bis die Kuvertüre gut vom Löffel läuft. Den lauwarmen Kuchen mithilfe einer Palette damit überziehen, die Kakaonibs über die noch feuchte Kuvertüre streuen. Über Nacht fest werden lassen und anschließend den Kuchen noch auf dem Blech in Quadrate schneiden.

Am besten vor dem Verzehr einige Tage in einer Blechdose ruhen lassen, denn dann schmeckt der Dinkelhonigkuchen noch aromatischer und bekommt eine besonders feine Konsistenz.

SPAZIERGANG IM SCHNEE

An kurzen Wintertagen zieht es uns besonders nach draußen in die Sonne. Gerade wenn es geschneit hat, verbringen wir unsere Mittagspause jetzt gern bei einem kleinen Spaziergang im Park. Fruchtige und cremige Heißgetränke zum Mitnehmen sind schnell vorbereitet und halten warm, und ein paar nussige Kugeln auf die Hand, die wir in verschiedenen Varianten immer als Vorrat im Schrank haben, müssen auch mit.

DATENOG UND FRUCHTPUNSCH OHNE ALKOHOL MIT TROCKENPFLAUMENKUGELN

Genauso cremig wie der in den USA beliebte Eierpunsch Eggnog ist dieser »Datenog«, wie wir ihn nennen, aus weichen Medjool-Datteln und Mandelmus. Wie der Fruchtpunsch wärmt er auch alkoholfrei gut durch und kommt dank der natürlich süßen Zutaten ohne zusätzlichen Zucker aus. Wer die Kugeln dazu ganz in Rohkostqualität herstellen möchte, verwendet schonend getrocknete Pflaumen, röstet die Mandeln nicht an und lässt das Kaffeepulver weg.

Für die Trockenpflaumenkugeln in einem Standmixer die Mandeln gemeinsam mit den Pflaumen, dem Kakaopulver, dem Ahornsirup, dem Mandelmus, dem Kaffeepulver (kann auch entfallen, wenn kleine Kinder mitessen) und den Gewürzen zu einer kompakten Masse verarbeiten. Die Mandeln dürfen dabei noch etwas stückig bleiben. Abschließend die Kakaonibs unterheben. In einem tiefen Teller die Pistazienkerne mit dem Orangenabrieb vermischen. Von der Trockenpflaumen-Masse immer je 2 TL abnehmen, mit den Händen oder 2 Teelöffeln zu einer Kugel formen und in den Pistazien wälzen. Luftdicht, kühl und dunkel gelagert halten sie sich etwa 2 Wochen.

Für den Fruchtpunsch die Orangen heiß abspülen. Mit einem scharfen Messer die Schale von einer Frucht rundum spiralförmig dünn abschälen. Die Orange halbieren und den Saft auspressen, es werden 100 ml benötigt. Die andere Orange ungeschält quer in dünne Scheiben schneiden. Die Vanilleschote längs halbieren. In einem Topf alle Säfte gemeinsam mit den Gewürzen aufkochen lassen. Dann die Temperatur reduzieren und alles 10 Minuten bei geschlossenem Deckel simmern lassen. Die Gewürze aus der Flüssigkeit nehmen. Die Orangenschalen und die Vanilleschotenhälften in eine Isolierkanne geben. Den Punsch durch ein mit einem Seihtuch ausgelegtes Sieb hineingießen.

Für den Datenog in einem Topf die Reismilch gemeinsam mit den Datteln bis kurz vor den Siedepunkt erhitzen. Vom Herd nehmen, das Mandelmus, die Vanille, das Kala Namak und das Bittermandelöl dazugeben. Alles mit dem Stabmixer cremig pürieren. In eine weitere Isolierkanne füllen.

Den Punsch mit den Orangenscheiben sowie den Datenog mit etwas frisch geriebener Muskatnuss zu den Trockenpflaumen-Kugeln anbieten.

ERGIBT ETWA 15 TROCKENPFLAUMENKUGELN

- 125 g frisch geröstete Mandeln, grob gehackt
- 100 g Trockenpflaumen
- 2 EL Kakaopulver, Rohkostqualität
- 2 EL Ahornsirup
- 1 EL Mandelmus natur
- 2 TL gemahlene Kaffeebohnen
- 1 TL frisch geriebene Zimtstange
- 1 TL gemahlene Vanille
- 2 TL Kakaonibs, Rohkostqualität
- 25 g Pistazienkerne, fein gehackt
- Abrieb von 1 kleinen unbehandelten Orange

ERIBGT 1 L FRUCHTPUNSCH
- 2 unbehandelte Orangen
- 1 Vanilleschote
- 800 ml klarer Birnensaft
- 150 ml Sanddornsaft
- 1 Anisstern
- 1 kleine Zimtstange

ERGIBT 1 L DATENOG
- 900 ml Reismilch natur
- 6 große getrocknete Medjool-Datteln, entsteint
- 4 EL Mandelmus natur
- 1 TL gemahlene Vanille
- 1 Prise Kala Namak, aus dem Bioladen
- 3 Tropfen Bittermandelöl
- 1 Prise frisch geriebene Muskatnuss

BASICS & EXTRAS

GRUNDREZEPTE

ERGIBT 1,5 L BRÜHE

- 1 EL Sonnenblumenöl
- 2 Knoblauchzehen,
  grob gehackt
- 10 g frischer Ingwer,
  geschält und grob gehackt
- 1 TL Fenchelsamen
- 100 g Lauch, in Ringe
  geschnitten
- 100 g Knollensellerie,
  gewürfelt
- 250 g Karotten, in
  Scheiben geschnitten
- 1 gelbe Bio-Zwiebel à 50 g,
  ungeschält geviertelt
- 1–3 getrocknete Shiitakepilze, in Stücke gebrochen
- 2 Lorbeerblätter
- ½ TL schwarze Pfeffer-
  körner
- 1 TL Meersalz
- 2–3 Stängel frische
  Petersilie, grob gehackt

GEMÜSEBRÜHE

Eine selbst gemachte Brühe schmeckt immer wieder anders. Je nach Saison und der etwaigen Resteverwertung vom Vortag kommen dafür andere Gemüsesorten infrage, und jeder kann nach Geschmack weitere Gewürze oder Kräuter ergänzen. Umso mehr getrocknete Shiitakepilze enthalten sind, desto herzhafter wird die Brühe.

In einem großen Topf das Öl auf mittlere Temperatur erhitzen. Den Knoblauch, den Ingwer und die Fenchelsamen kurz darin anbraten. Dann alle Gemüse hinzufügen und etwa 2–3 Minuten unter ständigem Wenden mitbraten, bis der Topfinhalt duftet und Farbe annimmt. Mit 2 l Wasser ablöschen, dann den oder die Shiitakepilze und die Gewürze mit dem Salz dazugeben. Alles einmal aufkochen, dann die Temperatur reduzieren und bei geschlossenem Deckel 30 Minuten lang köcheln lassen. Etwa 10 Minuten vor Ende der Garzeit die Petersilie hineingeben. Die Brühe durch ein Sieb abgießen und die Flüssigkeit dabei auffangen. Die Reste im Sieb entsorgen. Die fertige Brühe lässt sich sofort weiterverwenden oder – auch portionsweise – einfrieren.

SPROSSEN UND MICROGREENS

Für Microgreens den Boden einer flachen Schale mit Abflusslöchern mit Erde bedecken, darauf die gewaschene Keimsaat geben, etwa Rettich- oder Brokkolisaat. Alles mit 1 cm Erde gleichmäßig, aber locker abdecken. Zweimal täglich befeuchten und so lange luftig mit Frischhaltefolie abdecken, bis das erste Grün die aufliegende Erdschicht nach oben drückt. Wenn die Pflänzchen das erste Blattpaar über dem unteren Paar kleiner Keimblätter gebildet haben, ist Erntezeit. Sie tritt je nach Sorte im Schnitt zwischen 4–10 Tagen ein, aber man kann das Grün auch weiter wachsen lassen und muss nicht alles auf einmal verwerten. Die Microgreens am besten mit einer Kräuterschere knapp über der Erde abschneiden, vor der weiteren Verwendung abbrausen und trocken schütteln.

Die Sprossensaat für die Keimschalenzucht in einem Sieb gut durchspülen. Werden Keimgläser verwendet, die Saat zusätzlich vorher einweichen. Anschließend zweimal täglich im Sieb durchspülen, zu Beginn am besten lauwarm und später kalt. Je nach Sorte sind die Sprossen nach etwa 3–6 Tagen genießbar. Im Kühlschrank abgedeckt aufbewahrt halten sie sich nur wenige Tage und sollten vor dem Verzehr gut gespült werden.

RÖSTZWIEBELN

Den Backofen auf 160 °C vorheizen und 2 Backbleche mit Backpapier auslegen. In einer Pfanne das Öl auf mittlere Temperatur erhitzen, die Zwiebeln darin unter Wenden anbraten, bis sie duften und Farbe annehmen. Das Mehl einstreuen, unterrühren und die Zwiebeln noch 1–2 Minuten weiter braten, bis sie leicht knusprig werden. Die Mischung in einer gleichmäßig dünnen Schicht auf beiden Blechen ausbreiten. Im Ofen 12–15 Minuten backen, dabei nach 5 Minuten die Bleche durchtauschen, dabei auch die Zwiebeln wenden. Zum Ende der Backzeit die Zwiebeln minütlich wenden, damit sie nicht anbrennen. Aus dem Ofen nehmen und auf einem Teller abkühlen lassen. Statt im Ganzen können sie auch gemahlen und dann als Gewürz verwendet werden.

ERGIBT 150 G
· 3 EL Sonnenblumenöl
· 500 g gelbe Zwiebeln, in feine Ringe geschnitten
· 2 EL Dinkelvollkornmehl

GETREIDE-DATTEL-MILCH

Diese aromatische Pflanzenmilch hat aufgrund der speziellen Eigenschaften von Getreideflocken eine leicht cremige Konsistenz. Beim Kochen würde sie aus demselben Grund stark eindicken. Daher verwenden wir sie nur für kalte Zubereitungen, für Smoothies oder als Milch im Kaffee. Wer keinen Nussmilchbeutel besitzt, kann alternativ die Milch durch ein Sieb abseihen, das mit einem doppellagigen Mulltuch ausgelegt ist.

Die Getreideflocken und die Datteln in einen Standmixer geben und mit 300 ml kaltem Wasser auffüllen. Alles 1 Minute auf höchster Stufe mixen, danach 15 Minuten im Mixer ruhen lassen. Die restlichen Zutaten sowie weitere 800 ml kaltes Wasser hineingeben und alles gemeinsam nochmals 1 Minute auf höchster Stufe mixen. Mit einem Hochleistungsmixer können alle Zutaten auf einmal und ohne Ruhephase verarbeitet werden. Den Nussmilchbeutel in einen großen Krug mit weiter Öffnung hängen und die Flüssigkeit einfüllen. Diese so weit wie möglich in den Krug abtropfen lassen, dann den Nussmilchbeutel zusammenziehen und für eine besonders cremige Milch nach und nach die restliche Flüssigkeit und möglichst viel Stärke kräftig herauspressen. Die Getreidemilch in die sterilisierte Flasche umfüllen. Die im Nussmilchbeutel zurückbleibenden Reste können etwa für Birchermüesli weiterverwertet werden. Gut verschlossen und im Kühlschrank aufbewahrt hält sich die Getreidemilch etwa 3 Tage.

ERGIBT 1 L
· 75 g Vollkornhafer- oder Dinkelflocken, Feinblatt
· 30 g getrocknete Medjool-Datteln, entsteint und grob gehackt
· ½ TL gemahlene Vanille
· 1 geh. EL Mandel- oder Nussmus natur

· 1 Nussmilchbeutel
· 1 sterilisierte verschließbare Flasche à 1 l

SÜSSE UND HERZHAFTE AUFSTRICHE UND CREMES

ERGIBT 400 ML

- 750 g Rhabarber, möglichst mit rotem Fruchtfleisch
- 100 g Rohrohrzucker
- Saft und feiner Abrieb von 1 kleinen unbehandelten Zitrone
- 1 TL gemahlene Vanille
- 60 g Kakaobutter
- 70 ml Mandelmilch natur
- 70 g Cashew- oder helles Mandelmus natur

- 1 sterilisiertes Einmachglas à 400 ml

RHABARBER-CURD

Die bekannteste Variante der berühmten englischen Creme ist Lemon Curd. Mit immer anderen Früchten ist unsere Version ohne Ei im Freundeskreis und auf unserem Blog gleichermaßen beliebt. Außer Rhabarber passt je nach Saison auch anderes saftiges Obst. Je nach Säure und Wassergehalt kommt dann mehr Zitronensaft zum Einsatz: Nach dem ersten Verarbeitungsschritt sollte das Fruchtmus die Konsistenz von dünnem Apfelmus haben.

Den Rhabarber sorgfältig putzen, damit sich im nächsten Schritt keine Fasern im Stabmixer verfangen, und in etwa 3 cm lange Stücke schneiden. In einer Schüssel die Rhabarberstücke mit dem Zucker vermischen und 10 Minuten Flüssigkeit ziehen lassen. Dann mit dem Zitronensaft in einen Topf geben und einmal aufkochen lassen. Anschließend bei geringer Temperatur garen, bis der Rhabarber sehr weich ist. Den Topf vom Herd ziehen und den Inhalt gemeinsam mit der Vanille und dem Zitronenabrieb mit dem Stabmixer fein pürieren.

In einem kleinen Topf die Kakaobutter bei niedriger Temperatur sanft schmelzen, über das Rhabarbermus gießen und gründlich untermixen. In einer kleinen Schüssel die Mandelmilch gemeinsam mit dem Cashew- oder Mandelmus mit einem Schneebesen glatt rühren. Beiseitestellen. Die Rhabarbermasse im Topf unter Rühren langsam erhitzen. Wenn sie zu köcheln beginnt, die Nussmus-Mischung langsam zugießen und dabei mit einem Schneebesen kräftig rühren. Etwa 2 Minuten ebenfalls unter Rühren sanft köcheln. Abschließend den Curd entweder zur direkten weiteren Verwendung in einem sauberen Gefäß vollständig abkühlen lassen oder für die Vorratshaltung heiß in sterilisierte Einmachgläser füllen und sorgfältig verschließen. Kühl und dunkel gelagert hält er sich einige Wochen.

ERGIBT 300 ML

- 400 ml Mandelmilch natur
- 200 g Rohrohrzucker

- 1 sterilisiertes Einmachglas à 300 ml

DULCE DE LECHE AUS MANDELMILCH

In einem Topf die Mandelmilch gemeinsam mit dem Zucker unter Rühren langsam erhitzen, bis sich der Zucker auflöst. Etwa 30 Minuten lang leise köcheln und dabei weiter rühren, bis sich die Menge halbiert hat und der Kochlöffel auf dem Topfboden Spuren hinterlässt. Die Creme heiß in das Glas füllen und verschließen. Vor der weiteren Verwendung abkühlen lassen. Ungeöffnet hält sich diese Dulce de leche einige Monate, angebrochen im Kühlschrank bis zu 1 Woche.

ROHKOSTKONFITÜRE

Dieses Rezept lässt sich mit jeder beliebigen Obstsorte variieren. Der Leinsamen quillt über Nacht leicht gelierend auf und sorgt damit zum einen für Bindung und zum anderen für einen Hauch nussigen Aromas.

In einem Mixbecher alle Zutaten mit einem Stabmixer mittelfein pürieren, dann die Masse in ein Glas füllen und verschließen. Im Kühlschrank über Nacht etwas eindicken lassen. Die Rohkostkonfitüre hält sich je nach Wassergehalt der Fruchtsorte gekühlt etwa 3 Tage.

ERGIBT 300 ML
- 250 g Früchte (Kerne, Steine, Stiele entfernt)
- 1 EL Ahornsirup
- 2 EL Leinsamen, fein gemahlen
- 1 Msp. gemahlene Vanille

- 1 verschließbares Glas à 300 ml

LABNEH

Labneh ist eine Art Frischkäse aus abgetropftem Joghurt, der in den Küchen des Nahen Ostens sehr verbreitet ist. Wir bringen ihn meist hergestellt aus Sojajoghurt auf den Tisch, aber manchmal auch zusätzlich in einer vegetarischen Variante.

Ein feines Sieb in eine Schüssel hängen und mit einem Mulltuch auslegen. Das Salz unter den Joghurt rühren und diesen in das Sieb geben. Das Tuch über dem Joghurt so falten, dass dieser ganz bedeckt ist. Einen Teller auflegen, der kleiner ist als die Sieböffnung, und gut beschweren. Das Ganze für 24 Stunden in den Kühlschrank stellen.

Am Folgetag das Öl mit den Gewürzen in das Einmachglas geben. Den abgetropften und nun festen Joghurt aus dem Kühlschrank nehmen und mit einem Teigschaber aus dem Tuch in eine Schüssel schaben. Mit einem Esslöffel Portionen abstechen und aus der Joghurtmasse mit sauberen Händen oder mithilfe von zwei Esslöffeln Kugeln mit etwa 5 cm Durchmesser formen. Die Kugeln in das Öl geben, den Deckel schließen und den Labneh an einem kühlen, dunklen Ort 24 Stunden lang im Öl ziehen lassen. Luftdicht, kühl und dunkel gelagert hält er sich etwa 3 Tage.

ERGIBT ETWA 10 KUGELN À 35 G
- 1 TL Meersalz
- 1 kg Sojajoghurt, alternativ Kuh- oder Schafsmilchjoghurt
- etwa 400 ml Olivenöl
- 2 getrocknete Lorbeerblätter
- 3 getrocknete rote Chilischoten, halbiert

- Mulltuch
- sterilisiertes Einmachglas à 800 ml

FERMENTIERTES GEMÜSE

Milchsauer vergorenes Gemüse ist ganz einfach selbst herzustellen. Wer zunächst mit kleinen Mengen experimentieren möchte, braucht dafür keine speziellen Hobel oder einen Gärtopf: Ein scharfes Messer und einfache Steinguttöpfe oder Einmachgläser sind erst einmal ausreichend. Während der Fermentation darf das Gärgut nicht mit Sauerstoff in Kontakt kommen, denn nur im salzigen Milieu können die nützlichen Bakterien ihre Arbeit erledigen. Sie kommen ganz natürlich überall vor, in der Luft, im Wasser, auf Lebensmitteln und somit auch auf der Schale von Gemüse. Dass sie aktiv werden, erkennt man daran, dass über Tage hinweg immer mehr Luftbläschen aufsteigen und die Salzlake sich eintrübt. Ganz abgeschlossen ist die Fermentation nie, denn auch bei Kälte wird sie nur deutlich verlangsamt. Wie lange das Gemüse fermentieren sollte, hängt also ganz vom persönlichen Geschmack ab: Je länger der Prozess dauert, desto intensiver säuerlich-aromatisch wird das Ergebnis.

ERGIBT ETWA 600 G
- 1 Kopf Spitzkohl à 700 g
- 1,5 TL Meersalz

- 1 sterilisiertes Gefäß à 600 ml mit weiter Öffnung und Deckel
- 1 sterilisierter Glasdeckel, etwas kleiner als die Öffnung des Gefäßes

SPITZKOHL-SAUERKRAUT
Für Anfänger bei der Sauerkrautzubereitung ist Spitzkohl besonders gut geeignet, weil seine weichen und saftigen Blätter beim Kneten viel Flüssigkeit abgeben.

Den Kohlkopf längs vierteln und die Strünke keilförmig herausschneiden. Die Kohlviertel mit einem Gemüsehobel oder einem scharfen Messer in feine Streifen schneiden. Diese in eine Schüssel füllen, das Salz darübergeben und mit sauberen Händen einige Minuten lang kräftig kneten, bis einige EL Saft austreten. In das sterile Gefäß schichtweise die Kohlstreifen gemeinsam mit der Flüssigkeit geben und kräftig pressen, bis die Flüssigkeit über dem Kraut steht. Den Glasdeckel auflegen und so weit herunterdrücken, dass die Flüssigkeit über dem Deckel steht. Dabei muss das gesamte Kraut unter dem Deckel und dem Flüssigkeitsspiegel bleiben.

Den Deckel des Gefäßes lose auflegen und das Kraut bei Raumtemperatur je nach Außentemperatur 5–10 Tage fermentieren lassen; je wärmer es ist, desto schneller geht die Fermentation vonstatten. Dabei täglich kontrollieren, ob der Glasdeckel im Topf sich noch unter dem Flüssigkeitsspiegel befindet, und gegebenenfalls herunterdrücken. Nach dieser Zeit das Gefäß abgedeckt im Kühlschrank lagern. Das Kraut hält sich dort einige Wochen oder länger, sofern es immer wieder mithilfe des Glasdeckels unter den Flüssigkeitsspiegel gedrückt wird. Werden Gläser mit Schraubdeckeln verwendet, können diese nun zugeschraubt werden. Den Schraubdeckel jedoch alle paar Tage öffnen, damit die nach wie vor produzierten Gärgase entweichen können.

FÜR 400 G SAURE BOHNEN

- 400 g Wachsbohnen
- 3 Knoblauchzehen, halbiert
- 2 getrocknete rote Chilischoten, halbiert
- 1 Scheibe frischer Bio-Ingwer, ungeschält
- 1 großer Zweig Einlegedill mit Blüten
- 1 großer Zweig Gewürzfenchel
- 1 großer Zweig Grün von der wilden Möhre, alternativ mehr Gewürzfenchel oder Einlegedill
- 25 g Meersalz

- 1 sterilisiertes Gefäß à 1,5 l mit weiter Öffnung und Deckel
- 1 sterilisierter Glasdeckel, etwas kleiner als die Öffnung des Gefäßes

SAURE WACHSBOHNEN

Saure Bohnen werden mit den zarten Wachsbohnen besonders fein.
Auch Einlegegurken oder Wurzelgemüse fermentieren wir mit diesem Rezept.

Von den Wachsbohnen die Enden kappen und die seitlichen Fäden abziehen. Dann die Schoten an den Nähten der Länge nach mit einem scharfen Messer einritzen, ohne die Bohnen zu halbieren. So gelangt später die Lake schneller ins Innere der Bohnen.

Den Knoblauch, die Chilischoten und den ungeschälten Ingwer in das sterilisierte Einmachglas geben, dann Bohnen und Kräuter längs einschichten. Das Salz in 1 l kaltem Wasser auflösen, dann so viel davon über die Bohnen und anderen Zutaten gießen, bis das Glas bis etwa 2 cm unter den Rand gefüllt ist. Den Glasdeckel obenauf legen und unter den Flüssigkeitsspiegel drücken. Dabei darauf achten, dass alle Zutaten unter dem Deckel und dem Flüssigkeitsspiegel bleiben.

Den Deckel des Gefäßes lose auflegen und die Bohnen je nach Außentemperatur 2–5 Tage fermentieren lassen. Dabei täglich kontrollieren, ob die Bohnen sich noch unter dem Flüssigkeitsspiegel befinden, und gegebenenfalls mit dem Glasdeckel herunterdrücken. Nach dieser Zeit das Gefäß abgedeckt im Kühlschrank lagern. Die Bohnen halten sich dort einige Wochen oder länger, sofern sie immer wieder mithilfe des Glasdeckels unter den Flüssigkeitsspiegel gedrückt werden. Werden Gläser mit Schraubdeckeln verwendet, können diese nun zugeschraubt werden. Den Schraubdeckel jedoch alle paar Tage öffnen, damit die nach wie vor produzierten Gärgase entweichen können.

Da Bohnen Hülsenfrüchte sind, kann man sie nicht roh verzehren und muss sie vor dem Servieren einige Minuten lang kochen.

BACKEN MIT SAUERTEIG

Genau wie fermentiertes Gemüse entsteht auch Sauerteig durch spontane Gärung mithilfe von Milchsäurebakterien. Roggenbrote etwa werden dadurch bekömmlich, haltbar und herzhaft. Wir haben uns an Sauerteig lange nicht herangewagt, dabei braucht man für ein selbst hergestelltes sogenanntes Anstellgut, auch Starter genannt, nur etwas Zeit, Geduld und penible Hygiene. Sterilisierte Gläser, regelmäßiges sogenanntes Auffrischen und die gelegentliche Kontrolle des Anstellguts auch im Kühlschrank verhindern, dass es schimmelt oder fault. Man kann damit nicht nur reine Sauerteigbrote backen, sondern es auch Hefeteigen hinzufügen und so mit zwei Triebmitteln arbeiten. Pita oder Burger-Buns etwa werden auf diese Weise zugleich locker und besonders aromatisch.

FÜR DAS ERSTE ANSTELLGUT
- 90 g Roggenmehl Type 1150, gesiebt

FÜR JEDES AUFFRISCHEN
- 50 g Roggenmehl Type 1150, gesiebt

- 1 sterilisiertes Glas à 200 ml

ANSTELLGUT FÜR SAUERTEIG

Anstellgut braucht ein paar Tage Ruhe, regelmäßiges Füttern mit Mehl und mollige Wärme von 25–30 °C. Eine stabile Kultur und damit seine volle Triebkraft sowie ein im Laufe der Zeit immer komplexeres Aroma entwickelt es erst nach mehrmaligem Auffrischen. Warme Sommertage sind perfekt dafür geeignet, und in der kalten Jahreszeit tut es auch die Nähe einer Heizung. Anstellgut lässt sich entweder aus Roggen (Roggensauer) oder Weizen (Weizensauer) herstellen. Roggensauer ist kräftiger im Aroma und etwas robuster in der Handhabung. Auch Teige etwa mit Weizen- oder Dinkelmehl lassen sich mit Anstellgut aus Roggen problemlos ansetzen.

In dem Glas 50 g Mehl mit 75 ml lauwarmem Wasser glatt rühren. Den Deckel lose auflegen und die Mischung an einem warmen Ort 12 Stunden ruhen lassen. Danach einmal durchrühren, den Deckel wieder auflegen und weitere 12 Stunden ruhen lassen. Inzwischen sollte die Gärung begonnen haben, was an ersten Bläschen im Teig und einem leicht säuerlichen Geruch zu bemerken ist.

Nach diesen ersten 24 Stunden weitere 10 g Mehl und 20 ml lauwarmes Wasser zur Mischung im Glas geben und glatt rühren. Den Deckel auflegen und die Mischung wiederum 12 Stunden gären lassen. Danach wieder durchrühren und weitere 12 Stunden abgedeckt beiseitestellen. Diesen Rhythmus (jeweils nach 12 Stunden mit 10 g Mehl und dann jeweils nur noch 10 ml Wasser verrühren und nach weiteren 12 Stunden nochmals durchrühren) noch dreimal wiederholen, sodass der Teig insgesamt fünfmal gefüttert wird und 5 Tage lang gärt. Das Anstellgut sollte danach von zahlreichen feinen Blasen durchsetzt sein, sein Volumen wird sich sichtbar vergrößert haben und er sollte angenehm säuerlich bis fruchtig riechen. Das Anstellgut kann nun bis auf 10 g für das Auffrischen direkt verwendet werden. Alternativ hält es sich im verschlossenen Glas im Kühlschrank bis zu 1 Woche und sollte dabei gelegentlich kontrolliert und durchgerührt werden.

Zum Auffrischen 10 g vom fertigen Anstellgut in ein frisches Glas füllen und mit 50 g Mehl sowie 50 ml Wasser verrühren. Den Deckel lose auflegen und wie bei der Herstellung des ersten Anstellguts 12 Stunden bei Zimmertemperatur gären lassen. Haben sich bis dahin nicht genügend Blasen, Volumen und Aroma gebildet, das aufgefrischte Anstellgut nochmals durchrühren und einige Stunden länger bei Raumtemperatur gären lassen.

Dieses neue Anstellgut ist wiederum die Ausgangsbasis für das nächste aufgefrischte Anstellgut. So lässt sich der Starter immer wieder auffrischen. Setzt er Schimmel an oder riecht faulig, ist er verdorben und muss entsorgt werden.

PITA-BROTE MIT SAUERTEIG

Für den Vorteig in einer Schüssel das Mehl gemeinsam mit 250 ml lauwarmem Wasser und dem Anstellgut mit einem Holzlöffel zu einem relativ klebrigen Teig vermengen. Mit einem Küchentuch abgedeckt 12 Stunden bei Raumtemperatur (idealerweise um 25 °C) gären lassen. Für den Hauptteig alle Zutaten und den Vorteig zusammen mit 150 ml lauwarmem Wasser kurz vermengen. Dann 10 Minuten lang mit bemehlten Händen auf einer ebenfalls mit Mehl bestäubten Arbeitsfläche zu einem elastischen Teig kneten und zu einer Kugel formen. Eine saubere Schüssel dünn mit Öl ausstreichen und mit etwas Mehl bestäuben, den Teig hineinlegen. Mit einem Küchentuch abgedeckt 2 Stunden an einem warmen Ort gehen lassen.

Den Backofen auf 250 °C vorheizen und zwei Backbleche mit Backpapier auslegen. Den Teig auf einer bemehlten Arbeitsfläche nochmals kurz kneten. Mit einer Teigkarte in 8 gleich große Stücke teilen und jedes Stück zu einem etwa 1,5–2 cm hohen dicken Kreis ausrollen. Die Teiglinge nebeneinander auf die Bleche setzen und locker mit einem Tuch abgedeckt nochmals 15 Minuten ruhen lassen. Anschließend die Pita-Brote im Ofen etwa 6–7 Minuten lang backen, bis sie sich aufwölben, dabei die Bleche einmal durchtauschen. Abschließend aus dem Ofen nehmen und die Brote auf einem Gitterrost etwas abkühlen lassen. Die Brote schmecken frisch und lauwarm am besten. In einer Blechdose halten sie sich 1 Tag, dann vor dem Servieren im Ofen nochmals 1–2 Minuten lang aufbacken.

ERGIBT 8 PITA-BROTE

FÜR DEN VORTEIG
- 200 g Roggenmehl Type 1150, gesiebt
- 30 g Anstellgut für Sauerteig, siehe Seite 302

FÜR DEN HAUPTTEIG
- Vorteig, siehe oben
- 400 g Dinkelmehl Type 1050, gesiebt, plus Mehl zum Arbeiten
- 1 TL Salz
- 7 g Bio-Trockenhefe

ROGGEN-BUNS

Kleine kräftige Roggenbrote backt man fast überall in den Alpen – in Süd-tirol zum Beispiel heißen sie Vinschgauer, in Osttirol Breatlan. Mit etwas mehr Hefe als üblich gebacken werden daraus kräftig-aromatische Buns.

Für den Vorteig in einer Schüssel die trockenen Zutaten vermischen. Dann 500 ml lauwarmes Wasser sowie das Anstellgut dazugeben und alles mit einem Holzlöffel kräftig durchrühren, bis ein weicher Teig entsteht. Glatt streichen und mit einem Küchentuch abgedeckt an einem warmen Ort 12 Stunden gären lassen.

Für den Hauptteig zunächst eine Schüssel dünn einölen und mit etwas Mehl bestäuben. Beiseitestellen. Beide Mehlsorten gemeinsam mit den Gewürzen und der Trockenhefe vermischen und 200 ml Wasser locker unterrühren. Die Arbeitsfläche großzügig mit Mehl bestäuben, dann den Hauptteig sowie den Vorteig auf die Arbeitsfläche geben. Alles mit bemehlten Händen etwa 5 Minuten lang kräftig miteinander zu einem weichen Teig verkneten. Den Teig in die vorbereitete Schüssel setzen und mit einem Küchentuch abgedeckt an einem warmen Ort etwa 3 Stunden ruhen lassen, bis sich sein Volumen verdoppelt hat.

Den Backofen auf 190 °C vorheizen und ein Backblech mit Backpapier auslegen. Die Arbeitsfläche nochmals großzügig mit Mehl bestäuben und darauf vom Teig mit einer Teigkarte 8 Tortenstücke abstechen. Jedes Teigstück mit bemehlten Händen zu einem runden und etwas abgeflach-ten Teigling formen und dabei im Mehl wenden. Alle Teiglinge auf das Backblech setzen und mit einem Küchentuch locker abgedeckt nochmals etwa 20 Minuten ruhen lassen. Dann im Ofen etwa 30–35 Minuten backen, bis die Krusten knusprig werden. Aus dem Ofen nehmen und auf einem Kuchengitter abkühlen lassen. Frisch gebacken ist die Krume der Buns am lockersten.

Alternativ mit 3,5 g Trockenhefe für den Hauptteig und bei ansonsten gleicher Vorgehensweise etwas festere flache Brote backen. Dafür vom fertigen Teig statt 8 nur 6 Teiglinge abstechen und diese etwa 3 cm hoch zu kleinen Fladen ausrollen. Die Backzeit beträgt dann etwa 25 Minuten.

ERGIBT 8 ROGGEN-BUNS

FÜR DEN VORTEIG
- 500 g Roggenmehl Type 1150, gesiebt
- 1 TL Kokosblütenzucker
- 1 Prise Meersalz
- 30 g Anstellgut für Sauer-teig, siehe Seite 302

FÜR DEN HAUPTTEIG
- 1 TL Sonnenblumenöl
- 200 g Roggenmehl Type 1150, gesiebt, plus reichlich Mehl zum Arbeiten
- 250 g Dinkelmehl Type 630, gesiebt
- 15 g Meersalz
- 1 TL Kümmelsamen
- 1 TL Fenchelsamen
- 1 TL gemahlener Koriander
- 8 g Bio-Trockenhefe
- Vorteig, siehe oben

TEIGE FÜR PASTA, PIZZA & CO.

Selbst gemachte Teige für Nudeln und herzhaft Gebackenes aus dem Ofen sprechen alle Sinne an. Sie fühlen sich beim Kneten bereits wunderbar an und der Geschmack ist unvergleichlich. Mit etwas Planung ist ein handgemachter Teig zudem kein allzu zeitraubendes Unternehmen. Längere Ruhezeiten nutzen wir, um Füllungen und Beläge vorzubereiten und den Tisch zu decken.

FÜR 2–4 PORTIONEN
- 75 g Emmervollkornmehl, gesiebt
- 75 g Farina di grano duro (Hartweizenmehl), gesiebt, plus Mehl zum Arbeiten

- 1 Nudelmaschine, alternativ 1 Nudelholz und 1 Teigrädchen

EMMER-TAGLIATELLE
Ein Teig nur mit Emmermehl kann trocken und damit die Nudeln brüchig werden. Denn Emmer bindet weniger Wasser und hat schlechtere Klebereigenschaften als manch andere Getreidesorten. In einer Mischung mit Farina di grano duro bekommen wir beides: einen tollen Geschmack und einen elastischen Teig. Das Hartweizenmehl ist im italienischen Lebensmittelhandel erhältlich.

Die Mehlsorten mischen und in eine große Schüssel geben, dann 150 ml Wasser untermengen. Auf einer mit Mehl bestäubten Arbeitsfläche mit den Händen zu einem festen, elastischen Teig kneten. Ist er zu fest, etwas Wasser dazugeben, ist er zu weich, etwas mehr Farina hinzufügen. Den Teig zu einer Kugel formen und fest in Frischhaltefolie gewickelt bei Zimmertemperatur mindestens 1 Stunde ruhen lassen.

Nach der Ruhezeit mit der Nudelmaschine jeweils ein Viertel des Teiges zu etwa 30 cm langen Tagliatelle verarbeiten. Den Teig, der gerade nicht bearbeitet wird, dabei stets wieder fest in die Folie wickeln, damit er nicht austrocknet. Zunächst zum Auswalzen 1 Teigstück mit etwas Mehl bestäuben, dann zwei- bis dreimal durch die weiteste Einstellung der glatten Walze laufen lassen und vor jedem neuen Durchlaufen einmal falten. Die Walze stufenweise enger einstellen (beispielsweise bei einer Maschine mit neun Stufen bis Stufe sieben). Die Teigplatte mehrmals durch jede Stufe laufen lassen und zwischendurch, wenn nötig, mit Mehl bestäuben.

Die fertige Nudelplatte an den kurzen Enden gerade abschneiden und durch die Schneidwalze für Tagliatelle laufen lassen. Die geschnittenen Nudeln zu lockeren Nestern zusammennehmen, auf ein mit Mehl bestäubtes Brett legen. Alle anderen Teigstücke nacheinander ebenso verarbeiten und die Pasta mindestens 1 Stunde leicht trocknen lassen. Alternativ ohne Nudelmaschine die 4 Teigstücke jeweils auf einer glatten, bemehlten Arbeitsfläche mit dem Nudelholz etwa 1 mm dünn zu einem großen Rechteck rollen. Mit dem Teigrädchen die Nudelplatte in Tagliatelle-Streifen schneiden. Die Nudeln sind nun fertig für die weitere Verwendung.

ERGIBT 40 TEIGKREISE
À 7 CM Ø

- 150 g Dinkelmehl
  Type 630, gesiebt,
  plus Mehl zum Arbeiten
- 150 g Roggenmehl
  Type 997, gesiebt
- 1 gestr. TL Meersalz
- Sonnenblumenöl
  zum Arbeiten

- 1 runde Ausstechform
  oder Glas mit 7 cm Ø

ROGGENNUDELTEIG ZUM FÜLLEN

In einer Schüssel die Mehlsorten und das Salz mischen, dann 200 ml Wasser untermengen. Auf einer mit Mehl bestäubten Arbeitsfläche mit ebenfalls bemehlten Händen zu einem weichen, elastischen Teig kneten. Ist er klebrig, etwas Mehl dazugeben. Den Teig zu einer Kugel formen und mit etwas Öl bestreichen. Fest in Frischhaltefolie gewickelt bei Zimmertemperatur mindestens 1 Stunde ruhen lassen. Nach der Ruhezeit den Teig mit einer Teigkarte in 4 Stücke teilen und diese nacheinander verarbeiten. Den Teig, der gerade nicht bearbeitet wird, dabei stets wieder fest in die Folie wickeln, damit er nicht austrocknet. 1 Teigstück mit einem Nudelholz auf einer mit Mehl bestäubten Arbeitsfläche 1 mm dick ausrollen und mithilfe eines Glases oder eines runden Ausstechers 10 Teigkreise ausstechen. Die Teigkreise auf einem Holzbrett mit einem Tuch abdecken, damit sie nicht trocken werden. Dann die restlichen Teigstücke ebenso verarbeiten. Die Teigkreise sind nun fertig vorbereitet zum Füllen.

ERGIBT 2 FLAMM-
KUCHEN-TEIGLINGE
À ETWA 23 × 30 CM

- 300 g Dinkelmehl
  Type 1050 plus Mehl
  zum Arbeiten
- 1 gestr. TL Meersalz
- Sonnenblumenöl
  zum Arbeiten

FLAMMKUCHENTEIG

In einer Schüssel das Mehl mit dem Salz mischen. Dann 175 ml Wasser mit einem Holzlöffel locker unterrühren. Auf einer mit Mehl bestäubten Arbeitsfläche die Masse mit bemehlten Händen zu einem elastischen Teig kneten. Diesen zu einer Kugel formen, mit dem Öl bestreichen und fest in Frischhaltefolie wickeln. 2 Stunden bei Raumtemperatur ruhen lassen.

Den Teig mit einer Teigkarte halbieren und 2 Blätter Backpapier bereitlegen. Jede Portion Teig mit einem Nudelholz auf einer mit Mehl bestäubten Arbeitsfläche etwa 2 mm dünn zu einem Rechteck ausrollen. Den Teig, der gerade nicht bearbeitet wird, dabei wieder fest in die Folie wickeln, damit er nicht austrocknet. Die Teiglinge jeweils mit dem Nudelholz aufrollen und auf je 1 Blatt Backpapier wieder abrollen. Sie sind nun fertig vorbereitet zum Belegen und Backen.

ERGIBT 6 KLEINE
PIZZA-TEIGLINGE
À 11 CM Ø

- 250 g Dinkelmehl
  Type 1080, gesiebt, plus
  Mehl zum Arbeiten
- 5 g Bio-Trockenhefe
- 1 Prise Rohrohrzucker
- ½ TL Meersalz
- 1 EL Olivenöl plus Öl
  zum Arbeiten

PIZZATEIG

In einer Schüssel das Mehl mit allen anderen trockenen Zutaten vermengen. Dann 135 ml lauwarmes Wasser und das Öl mit einem Holzlöffel zügig untermengen. Die Masse mit bemehlten Händen auf einer ebenfalls mit Mehl bestäubten Arbeitsfläche etwa 2–3 Minuten lang kneten, bis ein seidiger Teig entsteht. Diesen zu einer Kugel formen. Die Schüssel mit Öl ausstreichen, mit Mehl bestäuben und den Teig darin für etwa 2 Stunden mit einem Küchentuch abgedeckt an einem warmen Ort gehen lassen.

Den Teig auf der mit etwas Mehl bestäubten Arbeitsfläche nochmals kurz kneten. Mit einer Teigkarte in 6 gleich große Portionen teilen und jede Portion ausrollen. Ein kaltes Backblech mit Mehl bestäuben. Die Teiglinge daraufsetzen, mit einem Küchentuch abdecken und 10 Minuten ruhen lassen. Die Teiglinge sind nun fertig vorbereitet zum Belegen und Backen.

SÜSSE TEIGE

Saftiger Rührteig, lockerer Biskuit oder knusprig-zarter Blätterteig: Das geht auch vegan. Teige ohne Eier, Butter und Milchprodukte sind vor allem roh meist kompakter, gehen aber beim Backen gut auf. Sie sind voller Aroma dank besonders geschmacksintensiver Zutaten.

KOKOSBISKUIT
Die Basis der saftigen und aromatischen Biskuitmasse bilden Kokosmilch und Kakaobutter.

Die gekühlten Dosen Kokosmilch öffnen und die obenauf abgesetzte feste Creme abnehmen (siehe Seite 324). Davon 400 g abwiegen und in einen Mixbecher geben. Vom Kokoswasser 50 ml abmessen. Beides getrennt beiseitestellen und innerhalb von etwa 2 Stunden auf Raumtemperatur erwärmen lassen. Die restliche Kokoscreme und das -wasser etwa für eine Cremesuppe verwenden.

Im Blitzhacker den Zucker puderfein mahlen. Das Mehl mit allen weiteren trockenen Zutaten außer dem Zucker mischen. In einem Topf die Kakaobutter bei niedrigster Temperatur vorsichtig schmelzen.

Den Backofen auf 160 °C vorheizen und ein Backblech mit Backpapier auslegen. Mit einem Handrührgerät die weich gewordene Kokoscreme auf mittlerer Stufe glatt rühren. Mit einem Schneebesen das Kokoswasser einrühren, bis eine Emulsion entsteht. Den Zucker langsam einrieseln lassen und unterziehen. In drei Schritten die Mehlmischung über die Creme sieben und mit einem Holzlöffel locker und zügig unterheben. Dann den Zitronenabrieb sowie die Kakaobutter ebenfalls zügig unterrühren. Abschließend das Mineralwasser dazugießen und alles locker verrühren.

Die Masse auf das Backblech geben und mit einer Palette oder einem Messer mit breiter Klinge zu einem etwa 30 × 45 cm großen Rechteck ausstreichen. Im Ofen 12–15 Minuten backen, bis die Oberseite nicht mehr feucht ist und die Ränder golden gefärbt sind. Den fertigen Biskuit herausnehmen und mit dem Backpapier auf ein kaltes Backblech ziehen. Ein frisches Backpapier auf den Biskuit legen, darauf ein Auskühlgitter legen und das Ganze mit Schwung umdrehen. Das nun obenauf liegende benutzte Backpapier abziehen und den Biskuit abkühlen lassen.

Aus der Platte können nun Böden für Törtchen oder Carrés für Petit Fours ausgeschnitten werden. Wird sie für eine Biskuitrolle verwendet, die noch warme Teigplatte mithilfe des frischen Backpapiers vorsichtig aufrollen und auskühlen lassen, erst dann füllen. Alternativ mit der gleichen Menge an Zutaten 2 Tortenböden mit 24 cm Durchmesser zubereiten.

ERGIBT 1 PLATTE BISKUIT
À ETWA 40 × 40 CM

- 2 Dosen Kokosmilch à 400 ml ohne Emulgatoren, 60 % Kokosanteil, 2 Tage lang gekühlt
- 200 g Rohrohrzucker
- 200 g Dinkelmehl Type 630, gesiebt
- 2 EL Kichererbsenmehl
- 8 g Weinstein-Backpulver
- 1,5 TL Gewürzmischung für süße vegane Zubereitungen, siehe Seite 313
- 1 Prise Meersalz
- feiner Abrieb von 1 kleinen unbehandelten Zitrone
- 40 g Kakaobutter
- 30 ml Mineralwasser mit Kohlensäure

- 1 TL natives Kokosöl
- 300 g Dinkelmehl
  Type 1050, gesiebt, plus
  Mehl zum Arbeiten
- 3 EL Kichererbsenmehl
- 250 g Rohrohrzucker
- 10 g Weinstein-Backpulver
- 1 EL Gewürzmischung
  für süße vegane Zubereitungen, siehe Seite 313
- 1 Prise Meersalz
- feiner Abrieb von 1 unbehandelten Zitrone
- 175 ml Sonnenblumenöl
- 150 ml Mandelmilch natur
- 3 TL Mandel-, Nuss- oder
  Saatenmus natur

ERGIBT 1 PORTION
BLÄTTERTEIG

FÜR DIE KAKAOBUTTER-
PLATTE

- 35 g Kakaobutter
- 80 ml Sonnenblumenöl
- 15 g Dinkelmehl
  Type 630, gesiebt

FÜR DIE TEIGPLATTE

- 125 g Dinkelmehl
  Type 630, gesiebt,
  plus Mehl zum Arbeiten
- 1 Prise Meersalz
- 1 Prise Rohrohrzucker
- ½ TL Gewürzmischung für
  herzhafte vegane Zube-
  reitungen, siehe Seite 313
- 10 ml Sonnenblumenöl

RÜHRTEIG

Dieser Teig wird durch das enthaltene Öl und Nussmus besonders saftig.

Den Boden der Springform mit Backpapier auslegen. Den Ring darüber spannen und von innen dünn mit Kokosöl fetten. Mit etwas Mehl aus-streuen und überschüssiges Mehl abklopfen. In einer Schüssel das Dinkel-mehl mit allen trockenen Zutaten sowie dem Zitronenabrieb mischen. In einem Mixbecher das Öl, die Mandelmilch und das Mus mit dem Stab-mixer verquirlen. Die Mischung über die Mehlmischung gießen und mit einem Holzlöffel alles zügig miteinander vermengen.

Den Teig in die Springform füllen und glatt streichen. Er ist nun fertig vor-bereitet zum Belegen und Backen oder kann nach dem Backen bei Be-darf waagerecht geteilt werden. Alternativ für einen flachen Kuchen mit der gleichen Menge Teig eine Springform von 32 cm oder mit der doppel-ten Menge Teig ein Backblech füllen. Die Backzeit beträgt dann etwa 20 beziehungsweise 25 Minuten.

KAKAOBUTTER-BLÄTTERTEIG

Dieser Blätterteig wird genau wie sein traditionelles Pendant mit einem sogenannten Ziehteig aus einer Fett- und einer Teigschicht hergestellt. Durch die Touren, also das Falten des Teiges, entstehen die feinen Schichten, die später im Ofen blättrig aufgehen. Damit das gelingt, muss der Teig zwischen den Touren gut gekühlt werden und darf nicht zu dünn ausgerollt werden. Er eignet sich für süße und herzhafte Gebäcke.

Für die Kakaobutterplatte in einem kleinen Topf die Kakaobutter vorsich-tig bei niedriger Temperatur schmelzen. Etwas abkühlen lassen und in eine flache Schale gießen. Mit einem Schneebesen das Öl unterziehen und die Mischung mit einem Teller abgedeckt im Kühlschrank in etwa 3 Stunden fest werden lassen.

Die Schale aus dem Kühlschrank nehmen, das Mehl über die Kakaobutter streuen und mit einer Gabel einarbeiten. Die Masse mit einem Nudel-holz zwischen 2 Schichten Frischhaltefolie 1 cm dick zu einem Rechteck ausrollen. Die Kakaobutterplatte in die Folie gewickelt 30 Minuten in den Kühlschrank stellen, sodass sie fest genug für die weitere Verarbei-tung ist, aber nicht so hart, dass sie brechen würde.

Für die Teigplatte in einer Schüssel das Mehl mit allen weiteren trockenen Zutaten vermischen und 75 ml Wasser sowie das Öl dazugeben. Das Ganze auf einer mit wenig Mehl bestäubten Arbeitsfläche mit leicht be-mehlten Händen zu einem elastischen Teig kneten. Den Teig mit etwas Öl bestreichen und fest in Frischhaltefolie wickeln. Ebenfalls 30 Minuten in den Kühlschrank legen.

Die Teigkugel aus dem Kühlschrank nehmen und mit einem Nudelholz auf einer mit Mehl bestäubten Arbeitsfläche ebenfalls 1 cm dick zu einem etwa doppelt so großen Rechteck ausrollen wie die Kakaobutterplatte. Die Kakaobutterplatte ebenfalls aus dem Kühlschrank nehmen und um 45° gedreht auf die Teigplatte legen. Diese nun wie einen Briefumschlag rundum über die Kakaobutterplatte schlagen und die Teigkanten aufeinanderdrücken. Die kurzen Seiten des so entstandenen Ziehteigs wie einen Briefbogen zu je einem Drittel nach innen klappen, sodass nun 3 Lagen des Teigs übereinanderliegen. Nach dieser ersten Tour den Teig in Frischhaltefolie wickeln und 15 Minuten in den Kühlschrank legen.

Den Teig aus dem Kühlschrank nehmen und mit dem Nudelholz auf der mit etwas Mehl bestäubten Arbeitsfläche vorsichtig in Längsrichtung ein wenig ausrollen. Wieder von der kurzen Seite her zu 3 Lagen zusammenfalten und mit dem Nudelholz vorsichtig leicht ausrollen. Nach dieser zweiten Tour den Teig wiederum in die Frischhaltefolie wickeln. Im Kühlschrank weitere 15 Minuten kühlen. Diesen Vorgang noch fünfmal wiederholen, sodass insgesamt 7 Touren zusammenkommen. Vor dem Ausrollen und der weiteren Verarbeitung den Teig nochmals 15 Minuten in den Kühlschrank legen.

DINKELSTRUDELTEIG
Das Dinkelmehl gibt diesem für Süßes und Herzhaftes geeigneten Teig Aroma und das doppelgriffige Mehl sowie das lange Kneten machen ihn elastisch. So lässt er sich bei vorsichtiger Handhabung gut ausziehen, ohne zu reißen.

In einer Schüssel die Mehlsorten mit dem Salz vermischen. Dann 225 ml Wasser sowie 3 EL plus 1 TL Öl untermengen. Die Masse mit bemehlten Händen auf einer mit Mehl bestäubten Arbeitsfläche in etwa 10 Minuten zu einem elastischen Teig kneten. Aus dem Teig eine Kugel formen und mit dem restlichen Öl (1 TL) bestreichen. Die Kugel fest in Frischhaltefolie wickeln und bei Raumtemperatur 1 Stunde ruhen lassen.

Den Teig vierteln und portionsweise verarbeiten. Den Teig, der gerade nicht bearbeitet wird, wieder fest in die Folie einwickeln, damit er nicht austrocknet. Jede Portion Teig mit einem Nudelholz auf einem mit Mehl bestäubten Geschirr- oder Strudeltuch dünn ausrollen. Während des Ausrollens den Teigling immer wieder wenden und das Tuch gegebenenfalls zwischendurch mit mehr Mehl bestäuben. Mit den Händen unter den Teig greifen und diesen vorsichtig über beide Handrücken von der Mitte zu den Seiten so dünn ausziehen, dass das Muster des Tuches durchscheint. Dann mit den Fingern die Enden vorsichtig ebenfalls dünn ausziehen. Zuletzt rundum die dickeren Ränder abschneiden. Das fertige Teigblatt sollte etwa 40 × 40 cm groß sein und sofort gefüllt werden. Nacheinander aus den verbleibenden Teigportionen 3 weitere Strudelblätter herstellen und ebenfalls füllen.

ERGIBT 4 STRUDEL,
JE ETWA 35 CM LANG
- 175 g Dinkelmehl
  Type 1050, gesiebt, plus
  Mehl zum Arbeiten
- 175 g doppelgriffiges Mehl,
  gesiebt
- 1 Prise Meersalz
- 3 EL plus 2 TL Sonnen-
  blumenöl

GEWÜRZMISCHUNGEN

Selbst gemachte Gewürzmischungen aus frisch gerösteten und gemahlenen Gewürzen duften und schmecken besonders intensiv. Luftdicht verpackt und dunkel gelagert hält sich ihr Aroma bis zu 3 Monaten, sind Nüsse oder Kerne enthalten, bis zu 1 Monat. Frisch zubereitet ist es jedoch am intensivsten.

KAKAO-DUKKAH
Die ägyptische Nuss-Gewürz-Mischung variiert lokal in ihrer Zusammensetzung. Uns schmeckt sie zusätzlich mit rohen Kakaonibs besonders gut.

Die Haselnüsse im Blitzhacker zerkleinern. Gemeinsam mit den Kakaonibs so fein hacken, dass die Mischung noch etwas stückig bleibt. Die gerösteten ganzen Gewürze in einer Gewürzmühle fein mahlen und gemeinsam mit allen weiteren Gewürzen zur Nussmischung geben. Abschließend die Sesamsaat hinzufügen und alles gut mischen. In eine flache Schale füllen und mit Brot und Olivenöl zum Dippen servieren.

ERGIBT ETWA 40 G
- 25 g frisch geröstete Haselnüsse
- 1 TL Kakaonibs, Rohkostqualität
- 1 TL frisch geröstete Korianderkörner
- 1 TL frisch geröstete Fenchelsamen
- 1 Msp. gemahlener Kreuzkümmel
- ½ TL Meersalz
- 1 TL frisch gemahlener schwarzer Pfeffer
- 1 geh. TL frisch geröstete Sesamsaat

GEWÜRZMISCHUNGEN FÜR SÜSSE UND HERZHAFTE VEGANE ZUBEREITUNGEN
Die einzelnen Gewürze in diesen beiden Mischungen schmecken jeweils kaum vor, verleihen aber veganem Gebäck, Saucen und vielem anderen ein ähnlich vollmundiges Aroma wie Butter, Sahne oder Eier in der herkömmlichen Küche.

Für jede der beiden Mischungen die Gewürze jeweils vermengen und getrennt in 2 Gewürzdosen füllen.

ERGIBT ETWA 25 G FÜR SÜSSE ZUBEREITUNGEN
- 4 TL gemahlene Vanille
- 4 TL frisch geriebene Zimtstange
- 2 TL gemahlene Kurkuma
- 2 Msp. gemahlene Gewürznelke

ERGIBT ETWA 25 G FÜR HERZHAFTE ZUBEREITUNGEN
- 8 TL frisch geriebene Zimtstange
- 3 TL gemahlene Kurkuma
- 2 Msp. gemahlene Gewürznelke

QUATRE-ÉPICES

Die pikant-aromatische Gewürzmischung wird in der französischen Küche zum Verfeinern vieler Pasteten verwendet. Sie passt aber auch sehr gut zu Kartoffelgerichten oder Wurzelgemüse. Wer möchte, kann für einen feineren Geschmack einen Teil des schwarzen Pfeffers durch weißen Pfeffer ersetzen, diesen dann jedoch nicht rösten.

In einer Gewürzmühle die Pfefferkörner und Gewürznelken möglichst fein mahlen. Mit dem Zimt und der Muskatnuss vermischen und in eine Gewürzdose füllen.

ERGIBT ETWA 25 G
- 8 TL frisch geröstete schwarze Pfefferkörner
- 1 TL frisch geröstete Gewürznelken
- 2 TL frisch geriebene Zimtstange
- 2 TL frisch geriebene Muskatnuss

ZA'ATAR

Diese aus den Küchen Nordafrikas und des Nahen Ostens stammende Gewürzmischung wird original mit speziellen wilden Thymian- oder Ysoparten aus dem Mittelmeerraum hergestellt. Ihr Aroma ist dem von Majoran ähnlich, daher ist eine Mischung aus diesem und Thymian eine gute Alternative.

Die Kräuter mit dem Sumach und dem Salz in einer Gewürzmühle fein mahlen und mit der Sesamsaat mischen. Die Mischung in eine Gewürzdose füllen.

ERGIBT ETWA 25 G
- 2 TL getrockneter Majoran
- 2 TL getrockneter Oregano
- 2 TL Sumach, aus dem türkischen Lebensmittelladen
- 1 TL Meersalz
- 4 TL frisch geröstete Sesamsaat

WÜRZZUTATEN

Wer sich an hausgemachtem Ketchup, Aromaölen oder selbst eingelegten Kapern versucht, weiß nicht nur genau, was drin ist, sondern kann mit immer neuen Zutaten experimentieren.

SCHNELLES CHILIÖL MIT CHIPOTLE

In einem Mixbecher alle Zutaten mit dem Stabmixer fein pürieren. Beiseitestellen und mindestens 1 Stunde ziehen lassen. Danach durch ein feines Sieb in eine kleine Flasche abfiltern. Dabei die Reste im Sieb mit einem Löffel gut ausdrücken und anschließend entsorgen. Das Öl hält sich im Kühlschrank etwa 1 Woche.

ERGIBT 150 ML
- 100 ml Olivenöl
- 2 große frische rote Chilischoten, milde Sorte; halbiert, entkernt und fein gehackt
- 2 getrocknete rote Chilischoten, halbiert
- 1 Chipotleschote, grob gehackt

- 1 verschließbare Flasche à 200 ml

KAPUZINERKRESSE-KAPERN

Für diese fein-milden Kapern benötigt man die Spaltfrüchte der Kapuziner-kresse, die zurückbleiben, wenn die Blüten verblüht sind. Die ideale Ernte-zeit ist rund 2 Wochen nach der Blüte, wenn sie auf knapp 1 cm Durchmesser angewachsen, aber noch nicht in ihre drei Kammern zerfallen sind.

FÜR 1 GLAS MIT 75 ML
FASSUNGSVERMÖGEN
· einige EL Meersalz
· 2 EL Spaltfrüchte der
  Kapuzinerkresse
· etwa 30 ml Weißweinessig
  plus Essig zum Kochen

· 1 Glas à 75 ml

Ein Glas mit Meersalz füllen, die Spaltfrüchte der Kapuzinerkresse hineingeben und von allen Seiten mit Salz bedecken. Das Glas 2 Tage bei Raumtemperatur stehen lassen.

Das 75-ml-Glas mit ½ TL Salz füllen und etwa bis zur Hälfte mit Essig auffüllen. Umrühren, bis sich das Salz auflöst. Beiseitestellen. Die Spaltfrüchte aus dem Salz nehmen. Letzteres kann wie im ersten Schritt für die nächste Ernte weiterverwendet werden.

In einem kleinen Topf wenige cm hoch Wasser vermischt mit 1 EL Essig und 1 TL Salz aufkochen. Die Spaltfrüchte hinzufügen, die Temperatur et-was reduzieren und alles etwa 5 Minuten köcheln lassen. Durch ein Sieb abgießen, abtropfen lassen und in das Glas mit dem Essig geben. Gegebe-nenfalls etwas Essig nachfüllen, bis die Kapuzinerkresse-Kapern bedeckt sind. Zu Beginn schwimmen sie noch an der Oberfläche und sinken nach und nach ab. Im Kühlschrank aufbewahrt entwickeln sie ihr volles Aroma nach etwa 4 Wochen und halten sich mindestens 6 Monate.

CREMA DI BALSAMICO

Die Datteln über Kreuz einritzen, in einer Schale mit kochendem Wasser übergießen und kurz ziehen lassen. In ein Sieb abgießen und mit kaltem Wasser abschrecken. Abtropfen lassen und abschließend mit Küchen-papier trocken tupfen. Dann mit einem scharfen Messer die Häute von den Datteln lösen und die Früchte halbieren, dabei die Steine entfernen.

ERGIBT 200 ML
· 80 g getrocknete
  Medjool-Datteln
· 150 ml hochwertiger
  Balsamico-Essig
· 1 EL Ahornsirup

· 1 sterilisierte Spritz-
  flasche à 200 ml

In einem Mixbecher die Datteln gemeinsam mit den restlichen Zutaten mit dem Stabmixer sehr fein pürieren. Durch ein Haarsieb in einen kleinen Krug gießen und abschließend in die Spritzflasche abfüllen. Verschlossen im Kühlschrank aufbewahrt hält sich die Crema di balsamico 2–3 Monate.

HOISINSAUCE

In einer Schüssel mit warmem Wasser die Sojabohnen 30 Minuten ein-weichen, danach in ein Sieb abgießen, durchspülen und abtropfen lassen. In einer Pfanne 2 EL Erdnussöl auf mittlere Temperatur erhitzen und die Zwiebeln und den Knoblauch darin anbraten, bis sie duften und Farbe annehmen. Mit der Sojasauce und dem Reisessig ablöschen, dann die abgetropften Sojabohnen, das Gerstenmalz und alle Gewürze hinzufügen. Einmal aufkochen lassen, dann die Temperatur reduzieren und die Mischung etwa 15 Minuten unter gelegentlichem Rühren köcheln lassen. Den Anisstern sowie die Zimtstange herausnehmen. Ausgekocht und

ERGIBT 400 ML
· 4 EL fermentierte schwarze Sojabohnen, aus dem
  Asialaden
· 6 EL Erdnussöl
· 3 gelbe Zwiebeln, gewürfelt
· 4 Knoblauchzehen,
  gehackt

gut getrocknet können sie wiederverwendet werden; da sie das intensive Aroma der Sojabohnen annehmen, jedoch nur für diese oder ähnliche Zubereitungen. Das restliche Erdnussöl (4 EL) und das Sesamöl unterziehen. Die Sauce in einen Mixbecher gießen und fein pürieren. Ist sie zu dick, mit etwas Wasser verdünnen.

- 200 ml Sojasauce
- 4 EL Reisessig
- 5 EL Gerstenmalz, aus dem Bioladen, alternativ 4 EL Zuckerrübensirup
- 1 Anisstern
- 1 kleine Zimtstange
- 1 TL Fenchelsamen
- 1 Msp. gemahlene Gewürznelke
- ½ TL Szechuanpfeffer
- 1 TL geröstetes Sesamöl

ZWETSCHGEN-HOLUNDER-KETCHUP

Dieser aromatische Ketchup kann je nach Saison auch mit anderen Früchten zubereitet werden.

In einem Mixbecher die Zwetschgenhälften gemeinsam mit allen weiteren Zutaten bis auf die Holunderbeeren mit einem Stabmixer fein pürieren. In einem kleinen Topf das Püree zusammen mit den ganzen Holunderbeeren unter Rühren aufkochen. Die Temperatur reduzieren und alles bei geöffnetem Deckel unter gelegentlichem Rühren etwa 20 Minuten köcheln lassen, bis die Konsistenz dickflüssig ist. Durch ein Sieb streichen und zurück in den Topf geben. Die im Sieb zurückbleibenden Kerne der Beeren entsorgen. Den Ketchup noch einmal kurz aufkochen, dann kochend heiß in die Gläser abfüllen. Luftdicht, kühl und dunkel gelagert hält er sich einige Monate.

ERGIBT 400 ML
- 500 g Zwetschgen, halbiert und entsteint
- 200 ml Apfeldicksaft
- 50 ml Weißweinessig
- 1 TL frisch geriebene Zimtstange
- 1 gute Prise gemahlene Nelken
- Meersalz
- frisch gemahlener schwarzer Pfeffer
- etwa 100 g frisch gesammelte Holunderbeeren ohne Stiele und Kerne

- 2 sterilisierte Gläser à 200 ml

GLOSSAR

Die folgenden Zutaten verleihen vielen – nicht nur veganen und vegetarischen – Gerichten spezielle Texturen und Aromen. Beim Konsum mancher Produkte empfinden wir eine besondere ökologische oder soziale Verantwortung, etwa bei Avocados, Kakao, Cashewkernen, Kokosmilch und Sojaprodukten. Wir achten beim Kauf daher darauf, dass sie aus fairem Handel und biologischem Anbau stammen, und betrachten sie als Genussmittel. Sie sind damit nicht die tägliche Basis unserer Mahlzeiten, sondern etwas Besonderes, das wir bewusst genießen. Erhältlich sind sie meist in Bioläden, Reformhäusern und gut sortierten Supermärkten. Ein Zertifikat ist dabei natürlich kein Freibrief, und wir versuchen uns möglichst gut zu informieren, wie unser Konsum Menschen und Umwelt hier und in anderen Erdteilen unterstützt.

AVOCADO
In Scheiben geschnitten sind vollreife Avocados für uns ein vollmundiges Extra in herzhaften Gerichten. Cremig püriert wiederum werden sie gemeinsam mit Kakao oder geschmolzener Schokolade etwa zu üppigen Tortenfüllungen.

DATTELN
Das vollmundige Aroma von Datteln lieben wir sowohl in süßen als auch herzhaften Gerichten. Püriert verleihen vor allem die weicheren Medjool-Datteln vielen Zubereitungen wie einer selbst gemachten Crema di balsamico oder einem Pesto Halt und eine tolle Konsistenz. Werden für ein Rezept in Streifen oder Ringe geschnittene Datteln benötigt, eignet sich die festere Sorte Deglet Nour besonders gut.

KAKAO
Die Aromenfülle von Kakaobohnen in Rohkostqualität ist groß und variiert je nach Sorte von warmen über bittere bis zu säuerlichen Noten. Ganze Bohnen, die man selbst weiterverarbeitet, schmecken am intensivsten. Man findet sie auf manchen Wochenmärkten oder in speziellen Schokoladengeschäften. In den meisten Bioläden und Reformhäusern erhältlich sind dagegen Kakaopulver in Rohkostqualität, das besonders aromatisch ist, und bereits zerkleinerte Nibs. Sie verleihen vielen Gerichten einen tollen zusätzlichen Akzent, und mit Pinienkernen und Salz vermischt erinnern sie an das volle Aroma von Parmesan.

KAKAOBUTTER
Kakaobutter ist für uns mit ihrem seidigen Mundgefühl und vollen Aroma eine gute und natürliche Alternative zu Butter und Margarine. Sie ist nicht

süß und schmeckt nur dezent nach Kakao. Mit Öl vermischt und gut gekühlt wird sie sogar streichfähig und ist damit auch für Blätterteig eine gute Grundlage.

KARTOFFELN
Gegarte Kartoffeln sind durch ihre enthaltene Stärke ein Bindungswunder für Saucen aller Art. In Verbindung mit Zitrone werden sie zur cremig-frischen Alternative zu Crème fraîche.

KICHERERBSENMEHL
In Verbindung mit Flüssigkeit quillt Kichererbsenmehl auf und bindet ganz hervorragend sowohl Kuchenteige als auch Bratlinge. In kleinen Mengen verwendet schmeckt es nicht heraus. Als Hauptzutat wie in einer Socca hingegen entwickelt es ein herb-nussiges Aroma.

KOKOSMILCH
Kokosmilch hat einen hohen Fettgehalt und eine besondere Eigenschaft, sofern sie keine Emulgatoren oder andere Zusatzstoffe enthält: Gut gekühlt setzt sich die fest gewordene Creme ab. Zurück auf Zimmertemperatur gebracht lässt sie sich glattrühren und macht etwa Birchermüesli schön sahnig. Biskuit wiederum erhält damit nicht nur ein dezentes Kokosaroma, sondern wird auch herrlich saftig.

MANDEL-, NUSS- UND SAATENMUS
Wenn bei hoher Temperatur Cremes gerührt werden, ist nussiges Mus ein guter Konsistenzgeber. Cashew- und weißes Mandelmus sind besonders feincremig und eher süß, Mus aus Haselnüssen oder ungeschälten Mandeln etwas gröber und auch kräftiger im Geschmack. Wer gegen Nüsse oder Mandeln allergisch ist, kann zu Sonnenblumenkernmus greifen, das relativ neutral im Geschmack ist, oder zum sehr aromatischen Kürbiskernmus. Wir verwenden immer ungesüßtes und ungesalzenes Mus.

NÜSSE, SAATEN UND KERNE, FRISCH GERÖSTET
Ob Haselnüsse, Mandeln, Kürbiskerne, Mohn, Raps oder viele andere Sorten: In einer Pfanne ohne Fett vorsichtig und frisch geröstet schmecken sie am intensivsten. In Verbindung mit anderen Zutaten von Datteln bis Zitronenabrieb können sich sogar ganz neue Geschmacksnuancen ergeben, die teils an reifen Käse erinnern. Hier gilt dasselbe wie für Mus: Wer gegen Nüsse oder Mandeln allergisch ist, kann sie in allen Rezepten durch Saaten und Kerne nach Wahl ersetzen.

ÖL
Aromatische Öle sind das I-Tüpfelchen vieler Rezepte, von Kürbiskern- über Leindotter- bis zu Sesamöl. Sie sollten möglichst unraffiniert und kalt gepresst verarbeitet sein, da so mehr der wertvollen Inhaltsstoffe erhalten bleiben. Beim schonenden Dünsten ist Olivenöl unsere erste Wahl, und zum Braten und Backen bei höheren Temperaturen verwenden

wir hoch erhitzbares Sonnenblumenöl. Dieses ist – kalt gepresst, aber mit einem höheren Rauchpunkt – häufig unter der Bezeichnung Bratöl im gut sortierten Supermarkt oder im Bioladen erhältlich.

PAPRIKAPULVER, GERÄUCHERT

Geräuchertes Paprikapulver verleiht Speisen ein zugleich fruchtiges, scharfes und rauchiges Aroma. Im Gewürzhandel findet man es meist unter der Herkunftsbezeichnung Pimentón de la Vera. Wie beim edelsüßen Paprika gibt es auch hier eine milde Variante, die als dulce ahumado bezeichnet wird.

PFEFFER

In den meisten Rezepten dieses Buches kommt frisch gemahlener schwarzer Pfeffer zum Einsatz, in einigen Gerichten auch der fruchtige grüne, der pikante weiße, der leicht nussige Tellicherry oder der besonders scharfe Szechuanpfeffer. Besondere Akzente setzt der süß-scharfe und leicht nach Wacholder schmeckende Tasmanische Bergpfeffer oder der Lange Pfeffer mit einer dezenten Kakaonote. Beide sind im gut sortierten Gewürzhandel erhältlich.

PFLANZENMILCH

Die Auswahl an Milchalternativen auf Pflanzenbasis ist groß, und wir probieren gern immer wieder neue Sorten aus. Aus Getreide hergestellt werden etwa Drinks, wie sie im Handel heißen, aus Dinkel, Hirse, Reis oder Hafer, und bei Nüssen und Kernen hat man zum Beispiel die Auswahl zwischen Macadamia-, Cashew oder Haselnuss. Am bekanntesten sind wahrscheinlich Sojabohnen als Ausgangsprodukt, und Mandelmilch wiederum ist ein Klassiker mit einer mehrhundertjährigen Tradition als Fastenspeise.

Die verschiedenen Sorten unterscheiden sich in Geschmack und Eigenschaften. Soja-, Nuss- und Mandelmilch eignen sich gut zum Backen und sind in allen Rezepten in diesem Buch untereinander austauschbar. Auch zwischen den Getreidemilchsorten kann gewechselt werden, sie sind aber durch den geringen Fett- und Eiweißanteil weniger zum Backen geeignet. Wenn das Ergebnis farblich nicht zu dunkel werden soll, greifen wir zur fast weißen Reismilch.

Wir verwenden nur ungesüßte pflanzliche Milchalternativen ohne Zusatzstoffe und Aromen. Da wir einen hohen Verbrauch an diesen Produkten haben, greifen wir wenn möglich zu solchen aus regionalem Anbau wie Dinkel oder Hafer. Häufig stellen wir eine köstliche Milch aus Haferflocken und Datteln auch selbst her.

SALZ

Grundsätzlich verwenden wir unbehandeltes Meersalz, und wenn uns nach Raucharoma ist, greifen wir zu Rauchsalz. Einen farbigen Akzent setzt schwarzes Lavasalz, und das aus Indien stammende, aus vulkanischen Steinsalzmineralen gewonnene Kala Namak wiederum hat ein leicht schwefeliges Aroma, das gekochten Eiern ähnlich ist. Sehr sparsam dosiert verfeinert es auch Süßes. Auch die Form kann den Geschmack beeinflussen: Salzblätter etwa, die man über ein fertiges Gericht streut, schmecken nur punktuell heraus, was wiederum dem Eigengeschmack anderer Zutaten viel Raum gibt.

SEIDENTOFU
Seidentofu hat einen hohen Wassergehalt, enthält viel Eiweiß und schmeckt relativ neutral. Knödel und Farcen aller Art erhalten damit ein fülliges Mundgefühl.

SHIITAKEPILZE, GETROCKNET
Wie alle getrockneten Pilze haben auch getrocknete Shiitake ein besonders intensives Aroma. In Verbindung mit der Seetangsorte Kombu sind sie die Basis für würzige, fischfreie Dashi-Brühe und verleihen je nach Dosierung auch einer Gemüsebrühe eine herzhafte Note. Sie sind im Asia- oder im Bioladen erhältlich.

SOJAJOGHURT
Sojajoghurt wird – genau wie Joghurt aus Tiermilch – durch Milchsäurefermentation mit entsprechenden Bakterienkulturen hergestellt. Abgetropft und in Olivenöl mariniert wird daraus eine milchfreie Variante des Labneh, eine Art Frischkäse aus den Küchen des Nahen Ostens.

SOJASAUCE
Sojasaucen unterscheiden sich nach Farbe, Geschmacksintensität, Herstellungsweise und Inhaltsstoffen. Wir bevorzugen traditionell fermentierte Produkte und greifen meist zur milderen Shoyu-Sauce. Sie wird allerdings mit einem Weizenanteil hergestellt und ist daher anders als die kräftiger schmeckende und nur auf der Basis von Sojabohnen gebraute Tamari-Sauce nicht glutenfrei.

TROCKENHEFE
Wir arbeiten mit Bio-Trockenhefe, da sie genau wie das konventionelle Produkt gut haltbar ist und sich leicht verarbeiten lässt, aber keine künstlichen Zusatzstoffe enthält. Ein Päckchen Bio-Trockenhefe enthält meist 9 g im Vergleich zu meist 7 g bei konventionellen Produkten. Wo in den Rezepten Päckchen angegeben sind, sind daher stets 9 g Bio-Trockenhefe gemeint.

VANILLE
Wir verwenden meist fertig gemahlene Vanille, die nicht weiter verarbeitet oder gesüßt und gut dosierbar ist, oder das ausgekratzte Mark ganzer Vanilleschoten. Die längs halbierten Schoten kann man zudem in Saucen oder Fruchtauszügen mitgaren bzw. ziehen lassen und vor dem Verzehren entfernen. Heiß abgespült und gut getrocknet kann man sie nochmals verwenden, etwa zum Aromatisieren von Zucker.

WILDKRÄUTER & CO.

Die Grenzen zwischen wilden und kultivierten Kräutern, Blüten, Gemüsen und Früchten sind manchmal fließend, und so kann man sie teilweise im Garten und sogar auf dem Balkon selbst ziehen. Wer lieber kauft als pflanzt, findet sie auf dem Wochenmarkt und manchmal auch im gut sortierten Supermarkt. Mehr Spaß macht es, sie selbst zu sammeln – wenn man ein paar Dinge beachtet. Zum einen darf man nur dort sammeln, wo dies erlaubt ist, also zum Beispiel nicht in Naturschutzgebieten und auf Privatgelände. Genau wie bei Pilzen sollte nur das im Körbchen landen, was man sicher kennt, gesammelt an Orten, an denen keine Insekten- und Pflanzenschutzmittel verspritzt wurden. Nicht zu empfehlen sind ungeschützte Flächen neben viel befahrenen Straßen und Parkplätzen, direkte Wegesränder, Orte in der Nähe von Industrieanlagen und möglicherweise kontaminierte Brachen.

Was als kleines Extra nicht nur Menschen schmeckt, ist auch und in erster Linie eine Ernährungsgrundlage für Vögel, Eichhörnchen und viele andere Tiere. Daher nie ganze Pflanzen ausreißen oder komplette Sträucher absammeln. Beides sorgt nicht zuletzt auch dafür, dass sich die Pflanzen weiter vermehren können – das ist gut für die urbane Fauna und auch für die nächste Sammelsaison.

ZIMT

Am aromatischsten sind die getrockneten und gerollten Zimtrinden. Sie werden ähnlich wie Muskatnuss mit einer kleinen Reibe frisch gerieben. Ceylonzimt gilt als aromatischer und, da er deutlich weniger des gesundheitlich bedenklichen Cumarins enthält, auch als gesünder als Cassiazimt. Wir verwenden Ceylon-Zimtrinde in unseren Gerichten.

ZITRUSABRIEB

Der feine Abrieb unbehandelter Zitronen, Orangen und Limetten verleiht süßen und herzhaften Gerichten eine frisch-herbe Note und balanciert zudem alles Erdige, Nussige und Deftige perfekt aus. Wir lieben ihn im Kuchenteig ebenso wie in herzhaften Saucen oder asiatischen Gerichten.

ZUBEREITUNGSTECHNIKEN

ABTROPFEN │ JOGHURT UND SEIDENTOFU

Ein feines Sieb mit einem Seih- oder Mulltuch auslegen und über eine Schüssel hängen. Den Joghurt oder Seidentofu in das ausgelegte Sieb geben und das Tuch darüber falten. Einen kleinen Teller darauflegen, der kleiner ist als die Öffnung des Siebs. Dann den Teller etwa mit einem gefüllten Einmachglas beschweren. Den Joghurt oder Seidentofu im Kühlschrank je nach Rezept bis zu 24 Stunden abtropfen lassen.

BLANCHIEREN │ GEMÜSE

Eine Schüssel mit kaltem Wasser und Eiswürfeln füllen. In einem großen Topf Wasser aufkochen, leicht salzen, dann die Temperatur reduzieren. Das vorbereitete Gemüse im siedenden Wasser je nach Dicke und weiterer Verarbeitung portionsweise 10 Sekunden bis zu 1 Minute vorgaren. Mit einem Schaumlöffel herausnehmen, sofort in das Eiswasser geben und kurz untertauchen. So erhält sich die Farbe und der Garprozess wird gestoppt. Herausheben und in einem Sieb abtropfen lassen. Bei Kohlblättern das Sieb umdrehen, die blanchierten Blätter auf die gewölbte Seite legen und jeweils dazwischen Küchenpapier schichten.

DURCHSEIHEN │ BRÜHEN, AUSZÜGE UND ANSÄTZE

Ein Sieb mit einem Seih- oder Mulltuch doppelt auslegen und über einen Topf hängen. Die Flüssigkeit durch das Sieb gießen und im Topf auffangen. Die im Tuch zurückbleibenden Kräuter, Blüten, Gemüse oder Früchte mit einem Holzlöffel ausdrücken und danach entsorgen, wenn im Rezept nicht anders angegeben, sie sind nach dem Auszug oder dem Auskochen meist ausgelaugt.

EINWEICHEN │ NÜSSE UND HÜLSENFRÜCHTE

Die Nüsse in einer Schüssel einige Zentimeter hoch mit kaltem Wasser bedecken. Die Schüssel abgedeckt beiseitestellen und die Nüsse je nach Sorte mindestens 2 Stunden oder maximal über Nacht einweichen. Danach in ein Sieb abgießen, abspülen und abtropfen lassen.

Getrocknete Bohnen oder Kichererbsen in einen Topf füllen und knapp doppelt so hoch mit kaltem Wasser bedecken. Über Nacht einweichen lassen. Danach in ein Sieb abgießen und unter fließendem Wasser abspülen. Die Hülsenfrüchte zurück in den Topf geben und nach Rezept mit der entsprechenden Menge frischem Wasser garen.

HÄUTEN │ GEMÜSE UND OBST

Um Früchte wie Aprikosen zu häuten, eine große Schüssel mit kaltem Wasser und Eiswürfeln vorbereiten. Die Früchte kreuzweise einritzen und kopfüber in eine weitere Schüssel legen. Mit kochendem Wasser übergießen und 30 Sekunden ziehen lassen. Mit einem Schaumlöffel in das Eiswasser heben und die Früchte somit abschrecken, um den Garprozess zu stoppen. Mit dem Schaumlöffel aus dem Eiswasser heben und abtropfen lassen. Die Haut lässt sich nun mit einem Messer leicht abziehen. Um Paprikaschoten zu häuten, den Backofen auf 220 °C vorheizen und ein Backblech mit Backpapier auslegen. Die Paprika putzen und längs vierteln. Die Viertel mit der Hautseite nach oben auf das Backblech legen und etwa 20 Minuten backen, bis die Haut schwarz wird. Das Blech aus dem Ofen nehmen, das Gemüse in eine Gefrierdose schichten, den Deckel verschließen und die Paprikaviertel im Kühlschrank abkühlen lassen. Die Haut lässt sich nun mit einem Messer leicht abziehen. Am besten dabei Einmalhandschuhe tragen, da das weiche Fruchtfleisch etwas abfärbt.

HEISS ABFÜLLEN | CHUTNEY, KETCHUP, SIRUP & CO.

Die kochend heiße Masse oder Flüssigkeit in sterile Gläser oder Flaschen abfüllen und fest verschließen. Twist-Off-Gläser sofort 5 Minuten auf den Kopf stellen und danach wieder umdrehen. Einmachgläser mit Gummiring und Klammern nur verschließen. Flaschen kurz auf den Kopf drehen und sofort wieder aufrichten.

KÜHLEN | KOKOSMILCH

Die Kokosmilch in der ungeöffneten Dose 2 Tage in den Kühlschrank stellen. Danach die Dose aus der Kühlung nehmen und öffnen. Die nun fest gewordene Creme, die sich oben abgesetzt hat, mit einem Messer vorsichtig lösen und mit einem Löffel abheben. In eine kleine Schüssel füllen und innerhalb von 1 Stunde Raumtemperatur annehmen lassen, sodass sie weich wird. Mit einem Schneebesen cremig rühren. Kokosmilch mit Emulgatoren setzt sich nicht cremig ab.

OFENTEMPERATUR

Die in den Rezepten angegebene Ofentemperatur bezieht sich, wenn nicht anders vermerkt, auf Unter-/Oberhitze. Je nach Herdtyp jedoch können bei den Garzeiten gegebenenfalls Unterschiede entstehen. Wenn mit zwei Blechen gearbeitet wird, kann es je nach Ofentyp von Vorteil sein, die Bleche nach der Hälfte der Garzeit durchzutauschen. Aus diesem Grund ist immer mit angegeben, wie das fertige Gargut aussehen sollte oder wie eine Garprobe erfolgen kann.

PALEN | DICKE BOHNEN, EDAMAME UND ERBSEN

Die Schoten von dicken Bohnen, Edamame oder Erbsen seitlich anritzen und die innen liegenden Kerne beziehungsweise Erbsen herausnehmen. Edamame-Kerne und Erbsen können direkt weiterverarbeitet werden. Dicke Bohnenkerne nach dem Palen etwa 2 Minuten in leicht gesalzenem Wasser blanchieren, eiskalt abschrecken und abtropfen lassen. Dann mit einem scharfen Messer die dicken Häute seitlich anritzen und die Kerne aus den Häuten pressen.

Vorbereiten: Bei Erdnüssen die dunklen Häute vor dem Rösten mit einem Küchentuch abreiben.

Rösten: Nusskerne, Saaten oder Gewürze in einer unbeschichteten Pfanne ohne Fett bei mittlerer Temperatur unter ständigem Wenden rösten, bis sie duften. Verschieden große Sorten am besten getrennt nacheinander verarbeiten, da sie unterschiedlich schnell bräunen.

Nach dem Rösten: Bei Haselnüssen die noch warmen Nüsse in einem Küchentuch reiben, bis sich die Häutchen lösen. Werden Nüsse oder Saaten fein gemahlen oder gehackt, diese erst abkühlen lassen, damit sie nicht musen. Bei Gewürzen ist dies nicht nötig. Für Salz- oder Gewürznüsse und -saaten diese noch heiß im Salz oder in der Gewürzmischung wenden.

SCHMELZEN UND TEMPERIEREN | KUVERTÜRE UND SCHOKOLADE

Die Kuvertüre oder Schokolade fein hacken und zwei Drittel davon in eine hitzebeständige Schüssel geben. In einen Topf, auf den diese Schüssel passt, so viel Wasser füllen, dass der Boden der aufgesetzten Schüssel das Wasser nicht berührt. Das Wasser vorsichtig erhitzen und die Schüssel aufsetzen. Die Kuvertüre oder Schokolade darin unter Rühren bei 50–55 °C (Zartbitter) oder 35 °C (vegane weiße Schokolade) vollständig schmelzen. Dabei darf kein heißes Wasser aus dem Topf in die Schüssel spritzen, damit der Inhalt nicht klumpt. Die Schüssel vom Topf nehmen und die restliche Kuvertüre (ein Drittel) unter stetigem Rühren in die schon geschmolzene Masse einarbeiten. Die Schüssel nochmals auf den Topf mit dem heißen Wasser setzen. Die Masse darin wiederum unter Rühren vorsichtig etwas erwärmen, bis die Kuvertüre oder Schokolade gut vom Löffel läuft.

STERIL AUSKOCHEN | FLASCHEN UND GLÄSER

Einen großen Topf mit Wasser zum Sieden bringen. Auf einem Tisch saubere Küchentücher in zwei Lagen ausbreiten. Flaschen oder Einmachgläser mit Deckeln und gegebenenfalls Gummiringen zum Beispiel mit einer hitzefesten Gemüse- oder Grillzange nacheinander für 5 Minuten vollständig in das leicht kochende Wasser tauchen und wieder herausnehmen. Alles kopfüber auf den Geschirrtüchern abtropfen lassen, umdrehen und an der Luft trocknen lassen. Größere Flaschen, die nicht in einen Topf passen, geöffnet in die Spüle stellen und vollständig mit kochendem Wasser füllen. Die Deckel mit kochendem Wasser von allen Seiten abspülen. Die Flaschen so 5 Minuten stehen lassen, dann das Wasser ausgießen und wie oben beschrieben weiter verfahren.

REGISTER

ÜBER UNS

Bei einem Winterspaziergang im Januar 2013 fassten wir den Plan, gemeinsam einen Food- und Fotografie-Blog ins Leben zu rufen. Beruflich hatten wir als Filmschaffende weder mit dem einen noch dem anderen zu tun. Ein digitales Zuhause für unsere kreativen Projekte lag für uns jedoch auf der Hand – Claudias Rezepte und Arnes Fotografie, verbunden durch kleine Geschichten. Wenige Tage später gingen wir online und machten uns auf den Weg.

Tatsächlich ist ein Blog eine Reise – die wir mit einer je eigenen Vorgeschichte antraten. Da ist zum einen Arne, der als Kind im Garten seiner Großeltern Erbsen palt, später als Jugendlicher in den USA handgemachtes Fast Food kennen- und lieben lernt und nach seiner Rückkehr nach Deutschland als junger Erwachsener seine Passion für Film und Fotografie entdeckt. Und da ist zum anderen Claudia, die als junge Frau von den Eltern den Sinn für gutes Essen und eine Spiegelreflexkamera mit auf den Weg bekommt und die als Studentin die französische Küche und später auch viele andere Esskulturen entdeckt.

Als wir uns in Berlin kennen- und lieben lernen, treffen aufeinander: ein IT-Spezialist und Kameramann mit Liebe zur Tiefkühlpizza und eine Kulturwissenschaftlerin und leidenschaftliche Hobbyköchin, die die Fotografie eigentlich seit Jahren an den Nagel gehängt hatte. Durch unseren Blog ist daraus eine große und immer noch andauernde gegenseitige Inspiration entstanden. Und so wie Arne darüber sein Interesse an Ernährung entdeckt hat, hat Claudia das Fotografieren wiedergefunden.

Wie in jedem guten Team hat auch bei uns jeder seinen Bereich und seine Stärken. Arne schätzt eine einfache Küche (auch wenn er Claudias Experimente spannend findet) und interessiert sich für das Kochen eigentlich erst näher, seit er sich vegan ernährt. Für ihn stehen ökologische Aspekte beim Thema Essen & Trinken im Mittelpunkt, und dazu kommt der Spaß an der Selbstversorgung im Miniaturformat. Beim gemeinsamen Kochen passt er auf, dass der Arbeitsplatz immer aufgeräumt bleibt (das ist nicht gerade Claudias Stärke), und setzt als Kameramann oder Fotograf die Arbeitsschritte in Szene. Auch die Stadtnatur in allen Facetten ist sein Metier: Mit einer Geduld, die Claudia niemals aufbringen würde, porträtiert er seine Motive immer wieder, bis er – manchmal erst nach Wochen – damit zufrieden ist.

Claudias Part ist das Kulinarische in allen Ausprägungen, das Spielen mit Zutaten und Texturen und die Lust am Experiment (das manchmal auch danebengeht). Die Wurzeln dieser Neugier reichen weit zurück in die Küche ihrer Eltern, die geprägt war vom Sinn ihrer Mutter für eine vielseitige Alltagsküche mit guten Zutaten und von den südostasiatischen Küchenexperimenten ihres einst seefahrenden Vaters. Ihre zweite Leidenschaft ist die Food-Fotografie.

Wenn wir beide zusammenkommen, entsteht aus alledem etwas Neues: Wir erzählen Geschichten aus unserem Leben und dem Leben anderer, ob als freiberufliche Filmschaffende oder als Blogger und Autoren, mit Worten, Bildern und Rezepten.

DANKE

Niemand schreibt ein Buch allein, und es gibt viele Menschen, denen wir von Herzen Danke sagen möchten.

Da sind zunächst die Leserinnen und Leser unseres Blogs und viele Kolleginnen und Kollegen in der Food-Blogosphäre: Der Austausch mit ihnen ist uns eine stetige Inspirationsquelle, und ohne sie gäbe es *Food with a View* in dieser Form nicht. Der Platz würde hier nicht reichen, sie alle namentlich zu ehren, aber in unserer Blogroll sind viele von ihnen vereint.

Unserer Verlegerin Antonia Bürger und dem gesamten Team vom Knesebeck-Verlag danken wir für das große Vertrauen, mit uns auf eine gemeinsame Reise gegangen zu sein, an deren Ende dieses Buch entstanden ist, das uns so viel bedeutet. Besonders hervorheben möchten wir hier Leonore Höfer für das Layout und Annika Genning für das Lektorat. Unser besonderer Dank gilt Susanne Caesar für das Projektmanagement, die auf magische Weise alle Fäden zusammengehalten hat und uns eine unschätzbar wichtige Begleitung gewesen ist.

Unsere Familien und Freunde haben auf ganz verschiedene Weise direkt oder indirekt an diesem Buch mitgewirkt. Wir sagen Danke für ihr Engagement und ihre kulinarische Offenheit bei zahlreichen Testessen – und nicht zuletzt einfach nur für ihre Unterstützung und ihre Freundschaft, mit der sie uns immer begleitet haben, unseren eigenen Weg zu gehen, lange bevor dieses Buch entstand. Besonders bedanken möchten wir uns bei jenen, die mit uns gemeinsam für unsere Kamera zu Tisch gesessen, im Garten gespeist oder im Park gepicknickt haben: Erdme und Markus; Claudia, Bert, Rosa und Tilda; Kerstin und Luzie sowie Tanja mit Appenzeller Sennenhund »Ben vom Zieglerhof«. Wir bedanken uns zudem herzlich bei Erika und Uwe für Gartenschätze rund um das Jahr und bei Gisela und Gerhard für viele kulinarische Familientraditionen und Inspirationen. Ein großer Dank geht an Angelika und Andi für ein auch in Sachen Essen & Trinken unvergessliches Wochenende in der Schweiz, an Katharina für kräuterkundigen Rat sowie an Ari, Christoph und Tine für einen nie endenden kulinarischen Austausch und zahlreiche Food-Props.

Ohne den Garten unserer Freundin Kerstin wäre dieses Buch nicht das, was es ist, und wir danken ihr von Herzen, dass sie uns zu dieser Idylle mitten in der Stadt jederzeit die Tür öffnet. Wie oft erreichte uns ihr Anruf, dass gerade jetzt der Grünkohl fotogen verschneit sei oder die Aprikosenknospen malerisch aufsprängen, und wie viele Rezepte sind hier entstanden. Unser Dank geht auch an Sylvia und Susanne, die uns ebenfalls in ihre Gärten eingeladen haben. Alle drei haben sich gemeinsam mit anderen Gartenfreundinnen und -freunden in der Treptower Gartenkolonie »Zur Linde e. V.« dem naturnahen Gärtnern verschrieben, und wir hoffen, dass ihnen und uns dieses Stückchen Land noch lange erhalten bleibt.

Für das, was wir in der Küche und hinter der Kamera machen, gibt es viele Inspirationen. Meist sind der Quellen für eine Idee viele – ein Foto hier, ein Gespräch dort, ein Rezept von geschätzten Buchautoren oder aus dem Erinnerungsschatz unserer Familien. Zusammen mit eigenen Vorlieben entsteht über die Jahre aus alledem ein Repertoire, aus dem eigene Kreativität erwächst. Und so sind zwar alle Rezepte und Motive in diesem Buch unsere Ideen, aber wir stehen auf den Schultern jener, die vor uns da waren, und wir gehen – um bei diesem Bild zu bleiben – Schulter an Schulter mit jenen, die jetzt hier sind. Das gilt auch für kulinarische Trends und Entwicklungen: All das, was uns so gefällt, haben wir uns nicht allein ausgedacht: saisonales Kochen, alte Gemüse- und Getreidesorten, Urban Farming und anderes. Wir begreifen uns vielmehr als einen kleinen Teil einer großen Entwicklung, in der sich alle gegenseitig inspirieren und voneinander lernen. Zu guter Letzt möchten wir uns daher bei all jenen bedanken, die unsere Fantasie immer wieder entzünden.

Deutsche Originalausgabe
Copyright © 2017
von dem Knesebeck GmbH & Co. Verlag KG, München
Ein Unternehmen der La Martinière Groupe

Fotografie, Rezepte und Text Copyright
© Claudia Hirschberger, Arne Schmidt/Food with a View
www.foodviewberlin.com

Gesamtgestaltung und Satz: Leonore Höfer, Knesebeck Verlag
Lektorat: Annika Genning, Text-Genuss, München
Herstellung: Christine Schnappinger,
VerlagsService Dietmar Schmitz GmbH, Heimstetten
Lithografie: Reproline Mediateam, Unterföhring
Druck: Print Consult
Printed in EU

ISBN 978-3-86873-985-5
www.knesebeck-verlag.de